Todos los libros de Linkgua Ediciones cuentan con modelos de Inteligencia Artificial entrenados por hispanistas. Pregúntale al chat de tu libro lo que desees acerca de la obra o su autor/a.

Para **ebooks**: Accede a nuestro modelo de IA a través de este enlace.

Para **libros impresos**: Escanea el código QR de la portada con tu dispositivo móvil.

Obtén análisis detallados de nuestros libros, resúmenes, respuestas a tus preguntas y accede a nuestras ediciones críticas generativas para una experiencia de lectura más enriquecedora.

La transparencia y el respeto hacia la autoría de las fuentes utilizadas son distintivos básicos de nuestro proyecto. Por ello, las respuestas ofrecen, mediante un sistema de citas, las fuentes con las que han sido elaboradas.

Autores varios

Constituciones fundacionales de Nicaragua

Barcelona 2024
Linkgua-ediciones.com

Créditos

Título original: Constituciones Fundacionales de Nicaragua.

© 2024, Red ediciones S.L.

e-mail: info@linkgua.com

Diseño de cubierta: Michel Mallard.

ISBN rústica ilustrada: 978-84-9953-533-3.
ISBN tapa dura: 978-84-1126-029-9.
ISBN ebook: 978-84-9897-168-2.

Sumario

Constitución de Nicaragua de 1826

8 de abril de 1826

En presencia de Dios, Autor y Supremo Legislador del Universo.

Nosotros los representantes del pueblo de Nicaragua, congregados en Asambleas Constituyentes, autorizados plena y legalmente por nuestros comitentes, y por el Pacto Federativo de la República para dar la Ley Fundamental que asegure la felicidad y prosperidad del Estado, que consiste en el perfecto goce de los derechos del hombre y del ciudadano, que son la libertad, la igualdad, seguridad y la propiedad; decretamos y sancionarnos la siguiente Constitución Política.

Título primero. Del Estado, su territorio, derechos y deberes

Capítulo I. Del Estado y su territorio

Artículo 1. El Estado conservará la denominación de Estado de Nicaragua; se compone de todos sus habitantes y corresponde a la Federación de Centroamérica.

Artículo 2. El territorio del Estado comprende los partidos de Nicaragua, Granada, Managua, Masaya, Matagalpa, Segovia, León, Subtiava y el Realejo. Sus límites son: por el Este, el mar de las Antillas; por el Norte, el Estado de Honduras; por el Oeste, el golfo de Conchagua; por el Sur, el océano Pacífico, y por el Sudeste el Estado libre de Costa Rica.

Artículo 3. El mismo territorio se dividirá en departamentos, cuyo número y límites arreglará una ley particular.

Capítulo II. De los derechos y deberes del Estado

Artículo 4. El Estado es libre, soberano e independiente en su gobierno y administración interior; y su soberanía e independencia se limitan por las restricciones establecidas a cada uno de los Estados, en la Constitución Federal de la República.

Artículo 5. Ningún individuo, ninguna reunión parcial de ciudadanos, ninguna fracción del pueblo puede atribuirse la soberanía que reside en el todo del Estado.

Artículo 6. Todos los funcionarios del Estado ejercen una autoridad delegada por el pueblo: son sus agentes; y le son responsables en los términos que prescriban la Constitución y las leyes.

Artículo 7. El pueblo del Estado ejerce su soberanía, eligiendo sus primeros funcionarios y concurriendo a la elección de las autoridades federales; todo del modo establecido por la Constitución general y la particular del mismo Estado.

Artículo 8. Todo funcionario ejerce su autoridad a nombre del Estado, y conforme a la ley, ninguno es superior a ella; por ella funcionan y por ella se les obedece y respeta.

Artículo 9. La fuerza pública está instituida para seguridad común el funcionario a quien se confía, si abusase de ella, comete un crimen grave.

Artículo 10. La Policía de seguridad estará a cargo de las autoridades civiles, según determinen las leyes.

Artículo 11. Ningún oficio público es venal ni hereditario en el Estado: no admite éste condecoraciones, distintivos hereditarios ni vinculaciones.

Artículo 12. El Estado podrá reclamar por medio de sus autoridades supremas, las leyes y órdenes o cualquier disposición en que los altos poderes de la República traspasen los límites que les ha fijado la Constitución Federal, o en que de cualquiera otra manera se ataque la independencia o felicidad del Estado.

Artículo 13. Ningún pueblo del Estado podrá ser desarmado, sino en caso de tumulto, rebelión o ataque con fuerza armada a las autoridades constituidas.

Artículo 14. Tampoco podrán impedirse, si no es en el mismo caso, las reuniones populares que tengan por objeto algún placer honesto, discutir sobre política o examinar la conducta pública de los funcionarios.

Artículo 15. El Estado ofrece en su territorio un asilo sagrado a todo extranjero, y será la patria del que quiera radicarse en él conforme las leyes.

Artículo 16. El Estado está obligado a observar religiosamente el Pacto Federativo celebrado con los demás Estados de la Unión; concurre proporcionalmente a los gastos de la Administración Federal y a la defensa de la República.

Título II. De los nicaragüenses y de los ciudadanos

Capítulo único

Artículo 17. Son nicaragüenses todos los habitantes del Estado, avecindados en cualquier punto de su territorio. La vecindad se adquiere por los modos que previenen las leyes, o manifestando el designio de radicarse ante la Municipalidad local.

Artículo 18. Son ciudadanos todos los nicaragüenses naturales o naturalizados que sean casados o mayores de dieciocho años, y que tengan una propiedad o que ejerzan algún oficio o profesión de que subsistan, calificado todo en los términos que designa la ley.

Artículo 19. Son naturales los nacidos en este Estado y en cualquier otro de la Federación, y los hijos de ciudadanos centroamericanos que nacieren en otro país extranjero, siempre que sus padres estén al servicio nacional o con tal que su ausencia no pasare de cinco años y fuere con noticia del Gobierno.

Artículo 20. Son naturalizados:

1. Los extranjeros que hallándose en el territorio de la República al proclamar la independencia la hubieren jurado.

2. Los naturales de las otras repúblicas de América que vinieren a radicarse a cualquier punto de la Federación, y hubieren manifestado su designio ante la autoridad local.

3. Los que hubieren obtenido carta de naturaleza, según el **Artículo 15** de la Constitución de la República.

Artículo 21. Se pierde la calidad de Ciudadano:

1. Por sentencia judicial dada por un delito que según la ley merezca pena más que correccional;

2. Por traficar con esclavos;

3. Por adquirir naturaleza en país extranjero o admitir empleo, pensiones, distintivos o títulos hereditarios de Gobierno extraño, o personales, sin licencia del Congreso Federal. Pero en todos estos casos, la legislatura del Estado podrá conceder rehabilitación.

Artículo 22. Se suspenden los derechos de ciudadano:

1. Por estar procesado criminalmente por un delito que según la ley merezca pena más que correccional, y proveído ya el auto de prisión;

2. Por el estado de deudor quebrado, o deudor a los fondos públicos, y judicialmente requerido de pago;

3. Por la condición de sirviente doméstico cerca de la persona;

4. Por la conducta notoriamente viciada o por la incapacidad física o moral, todo legalmente calificado.

Artículo 23. Solo los ciudadanos en ejercicio de sus derechos pueden obtener los empleos del Estado.

Artículo 24. Los ciudadanos de los otros Estados tienen en éste expedito el ejercicio de la ciudadanía, en cuanto pueden ser electos para los destinos que no requieren vecindad en el Estado.

Título III. De los derechos y deberes de los nicaragüenses y de los ciudadanos

Capítulo único

Artículo 25. Los derechos de los nicaragüenses son: la libertad, la igualdad, la seguridad y la propiedad.

Artículo 26. Todo hombre es libre en el Estado, y nadie puede venderse ni ser vendido.

Artículo 27. Ninguno está obligado a hacer lo que la ley no ordena, ni puede impedírsele lo que no prohíbe.

Artículo 28. Las acciones privadas que no hieren el orden, la moralidad ni la decencia pública ni producen perjuicio, están fuera de la acción de la ley.

Artículo 29. La libertad de la palabra, de la escritura y de la imprenta, es uno de los primeros y más sagrados derechos de los nicaragüenses. La ley no puede prohibirlo, ni sujetarlo a censura previa, por causa ni pretexto alguno.

Artículo 30. Todo nicaragüense tiene expedito el derecho de petición, en la forma que la ley lo arregle.

Artículo 31. También puede trasladarse a cualquier punto de la República o país extranjero, siempre que se halle libre de responsabilidad, y volver al Estado cuando le convenga.

Artículo 32. Todos los ciudadanos son admisibles a los empleos públicos del Estado: no hay entre ellos distinciones sociales, sino las que el bien general exige; no reconocen otra autoridad ni otra distinción, que la de las virtudes y los talentos.

Artículo 33. La casa de cualquier habitante del Estado es un asilo sagrado, que no puede ser violado sin cometer crimen, fuera de los casos prevenidos en la Constitución y con las formalidades ordenadas en ella.

Artículo 34. Ningún habitante puede ser preso sino en los casos determinados por la Constitución, en la forma que ella previene.

Artículo 35. Ninguno puede ser castigado, sino en virtud de una ley establecida y publicada antes de cometerse el delito, y sin que sea legalmente aplicada.

Artículo 36. Las propiedades de los habitantes y corporaciones son garantizadas por la Constitución; ninguna autoridad puede tomarlas ni perturbar a persona alguna en el libre uso de sus bienes, sino es en favor del público, cuando lo exija una grave urgencia legalmente comprobada, y garantizándose previamente la indemnización.

Artículo 37. La vida, la reputación, la libertad, la seguridad y propiedad de todos los habitantes del Estado, son protegidos por la Constitución. Ninguno puede ser privado de tan sagrados derechos, sino con las formalidades y en los casos provenidos por la ley.

Artículo 38. Todos los habitantes del Estado están obligados a obedecer y respetar la ley, que es igual para todos, ya premie y castigue; a servir a la patria, a defenderla con las armas y a contribuir con proporción a sus haberes, a los gastos del Estado y la Federación, sin excepción ni privilegio alguno para mantener su integridad, independencia y seguridad.

Artículo 39. Es injusta y no es ley toda disposición que viole los derechos de los nicaragüenses, declarados en este Título.

Título IV. Del Gobierno y de la religión

Capítulo primero. Del Gobierno

Artículo 40. El Gobierno del Estado es el republicano popular representativo, cuyo objeto es la felicidad de los individuos que componen el mismo Estado.

Artículo 41. Los representantes del pueblo nicaragüenses componen los cuerpos legislativo y moderador.

Artículo 42. El Poder Legislativo reside en una Asamblea compuesta de diputados electos popularmente, y lo ejerce con la sanción del cuerpo moderador, electo del mismo modo.

Artículo 43. El Poder Ejecutivo reside en un jefe nombrado por el pueblo.

Artículo 44. El Poder Judiciario, en tribunales y jueces nombrados según previenen esta Constitución y las leyes.

Artículo 45. La Constitución señala las épocas en que deben renovarse los representantes, jefes, segundo jefe e individuos de la Corte Superior.

Capítulo II. De la religión

Artículo 46. La religión del Estado es la Católica, Apostólica, Romana, con exclusión del ejercicio público de cualquier otra.

Título V. De las elecciones de las Autoridades Supremas del Estado

Capítulo primero. Disposiciones generales

Artículo 47. Para la elección de los representantes, jefe y vicejefe del Estado, consejeros e individuos de la Corte Superior de Justicia, se celebrarán Juntas Populares, de Distrito y Departamento.

Artículo 48. Las Juntas Populares se compondrán de ciudadanos en el ejercicio de sus derechos; las Juntas de Distrito, de los electores primarios, y las Juntas Departamentales, de los electores del distrito.

Artículo 49. Estas Juntas serán las mismas, y se celebrarán en las mismas épocas designadas por la Constitución de la República para las elecciones de las supremas autoridades federales.

Artículo 50. Toda Junta electoral será organizada por un directorio, compuesto de un presidente, dos escrutadores y dos secretarios elegidos por ella misma.

Artículo 51. Las acusaciones sobre fuerza, cohecho o soborno en los sufragantes hechas en el acto de la elección, serán determinadas en el modo y para el efecto que expresa el **Artículo 26** de la Constitución Federal. En los demás casos, estos juicios serán seguidos y terminados en los tribunales comunes.

Artículo 52. Los recursos y reclamos sobre nulidad en las elecciones a representantes a la Asamblea y demás autoridades del Estado, serán determinados definitivamente por la misma Asamblea.

Artículo 53. Los que ocurran sobre nulidad en las Juntas Populares, serán resueltos definitivamente en el distrito; y los que se entablen contra éstas, en las de Departamento.

Artículo 54. Nadie podrá presentarse armado en las Juntas electorales ni votarse a sí mismo.

Artículo 55. Las Juntas no podrán deliberar, sino sobre objetos designados por la ley. Es nulo, y de ningún efecto, todo acto que esté fuera de su legal intervención.

Capítulo II. De las Juntas Populares

Artículo 56. Las Juntas Populares se celebrarán el último domingo de octubre de cada año, para nombrar un elector primario por cada doscientos cincuenta habitantes: la que tuviere un residuo de ciento veintiséis, nombrará un elector más.

Artículo 57. Toda población cuyo número de habitantes ascienda a doscientos cincuenta, nombrará por sí un elector; si no llegare a aquel número los ciudadanos de dicha población concurrirán a votar a la Junta del pueblo más inmediato.

Artículo 58. La base mayor de toda Junta Popular, será de dos mil quinientos habitantes.

Artículo 59. El presidente de cada Junta comunicará el nombramiento a los electos, dándoles copia del acta certificada por él y los secretarios, y comunicándola en los mismos términos a la autoridad política de distrito per conducto de la local.

Capítulo III. Juntas de Distrito

Artículo 60. La autoridad política del distrito, luego que reciba las certificaciones, citará a los electores primarios para que se reúnan en la cabecera del mismo, el segundo domingo del mes de noviembre de cada año.

Artículo 61. Reunidas por lo menos las dos terceras partes de los electores primarios, se formará la Junta de Distrito y procederá a nombrar por mayoría absoluta de sufragios un elector por cada diez primarios de los que le corresponden. Y concluida la elección, el presidente y secretario darán a los nombrados certificación de su nombramiento, comunicándolo a la autoridad política del Departamento por conducto de la del Distrito.

Capítulo IV. Juntas de Departamento

Artículo 62. Luego que la autoridad política del Departamento reciba las certificaciones de que habla el **Artículo** anterior, citará a los nombrados para que concurran a la cabecera del Departamento, donde el primer domingo del mes de diciembre de cada año debe celebrarse la Junta departamental.

Artículo 63. Un Departamento constará fijamente de doce electores de distrito por cada dos representantes que haya de nombrar.

Artículo 64. Reunidos por lo menos las dos terceras partes de electores de distrito, se formará la Junta de Departamento; y por mayoría absoluta de votos, nombrarán los representantes que en la Asamblea del Estado corresponde al Departamento.

Artículo 65. Esta elección se hará todos los años inmediatamente después que las mismas Juntas de Departamento hayan elegido a los representantes para el Congreso Federal. Pero de las elecciones de diputados para la Asamblea y de toda elección de funcionario para el Estado que hagan las Juntas departamentales, se extenderán acta y escrutinio en libro separado.

Artículo 66. Las Juntas de Departamento despacharán por credencial a cada diputado una copia, autorizada por ellas mismas, del acta en que consta su nombramiento, y dirigirán otra igual por conducto de la autoridad política del Departamento, al Gobierno del Estado, para que en su vista cite a los electos, y los pase a la Junta preparatoria el primer día de su reunión.

Artículo 67. En las renovaciones del jefe, segundo jefe, individuos del Consejo Representativo y Corte Superior de Justicia, las Juntas Departamentales sufragarán en la forma que se dispone en los **Artículos 8, 9 y 10** de esta Constitución.

Artículo 68. La base para la representación del Estado es el número total de sus habitantes naturales o naturalizados.

Artículo 69. Se elegirá un representante por cada quince mil almas: el Departamento que tuviere un residuo que exceda de la mitad de este número, nombrará un representante más.

Título VI. Del Poder Legislativo y sus atribuciones

Capítulo primero. Organización del Poder
Legislativo

Artículo 70. Residiendo el Poder Legislativo del Estado en una Asamblea de diputados en los términos que expresa el **Artículo 42**, no podrá su número ser más de veintiuno ni menos de once.

Artículo 71. Por cada dos diputados se nombrará un suplente; por, cada tres, dos, y así sucesivamente; y concurrirán a la Asamblea a juicio de ella misma, en caso de muerte, imposibilidad o falta de los propietarios.

Artículo 72. Para ser representante se necesita tener la edad de veintitrés años, haber sido cinco ciudadano, bien sea del estado seglar o del eclesiástico secular, y hallarse en actual ejercicio de sus derechos.

Artículo 73. No podrá ser representante ningún empleado de nombramiento del Gobierno Federal, ni el del Estado por el Departamento en que ejerce su autoridad, siempre que ésta se extienda a todo el territorio departamental. Y el diputado durante su representación no podrá obtener empleo ni ascenso alguno, si no es de rigurosa escala.

Artículo 74. Los representantes son inviolables por sus opiniones, emitidas de palabra o por escrito, en la Asamblea o fuera de ella, sobre asuntos relativos a su cargo. Y durante las sesiones, y un mes después no podrán ser demandados civilmente ni ejecutados por deuda.

Artículo 75. La Asamblea se renovará por mitad cada año, y los mismos diputados podrán ser reelectos una vez sin intervalo ninguno.

Artículo 76. La primera Asamblea ordinaria decidirá por suerte los representantes que deben renovarse el año siguiente. En adelante, la renovación se verificará saliendo los de nombramiento más antiguo.

Artículo 77. La primera vez calificará las elecciones y credenciales de los representantes, una Junta Preparatoria compuesta de ellos mismos; en lo sucesivo, toca esta calificación a los representantes que continúan, en unión de los nuevamente electos.

Artículo 78. La Asamblea se reunirá todas los años el día quince de enero, y sus sesiones ordinarias durarán tres meses. La primera legislatura podrá prorrogarse por otros cuatro; las siguientes no podrán hacerlo sino por un mes.

Artículo 79. Cuando la Asamblea se reúna extraordinariamente en los términos que dispone esta Constitución, sus sesiones se contraerán únicamente al objeto para que fue convocada.

Artículo 80. Para toda resolución se necesita la concurrencia de las dos terceras partes de los diputados y el acuerdo de la mitad, y uno más de los que se hallaren presentes; pero un número menor puede hacer concurrir a los ausentes del modo y bajo las penas que establece la ley.

Capítulo II. Atribuciones de la Asamblea

Artículo 81. Corresponde a la Asamblea:

1. Proponer y decretar las leyes del Estado, interpretarlas y derogarlas, en caso necesario.

2. Fijar anualmente los gastos de la Administración del Estado, y establecer las contribuciones e impuestos necesarios para cubrirlos, y para llenar el cupo que le corresponde en los gastos de la Administración Federal.

3. Hacer el repartimiento de las contribuciones directas entre los departamentos del mismo Estado, según su población y riqueza; velar sobre su inversión y la de todos los ingresos públicos, haciéndose dar cuenta de ellos por el Poder Ejecutivo.

4. Decretar la creación y supresión de los oficios, empleos públicos; y designar sus dotaciones, disminuirlas o aumentarlas.

5. Conceder o negar la introducción de tropas de otros Estados, si no es que dichas tropas estén al servicio del Go-

bierno Federal, para los objetos que le encomienda la Constitución de la República.

6. Fijar periódicamente, con acuerdo del Congreso, la fuerza de línea que se necesite en tiempo de paz; crear la milicia activa y la cívica, y levantar la correspondiente del Estado en tiempo de guerra, dándoles a todos sus ordenanzas y reglamentos.

7. Arreglar la forma de los juicios, estableciendo el sistema de jurados, tan luego que lo permitan las circunstancias de los pueblos.

8. Erigir los establecimientos, corporaciones o tribunales necesarios para el mejor orden en justicia, economía, instrucción pública y en todos los ramos de administración.

9. Decretar en casos extraordinarios, pedidos, préstamos e impuestos extraordinarios, y contraer deudas sobre el crédito del Estado sin comprometer las relaciones exteriores de la República.

10. Calificar y reconocer la deuda pública del Estado y destinar los fondos necesarios para su amortización e interés.

11. Disponer lo conveniente para la administración, conservación y enajenación de los bienes del Estado.

12. Conceder por dos terceras partes de votos amnistías e indultos, cuando lo exija la tranquilidad y seguridad del Estado, y lo solicite el Poder Ejecutivo.

13. Conceder a éste facultades extraordinarias, detalladas expresamente, y por tiempo limitado, en los casos de insurrección o invasión repentina.

14. Decretar el plan de enseñanza pública, según los principios generales que se establezcan por el Congreso; promoviendo el adelanto de las ciencias y artes útiles, hasta conceder privilegios exclusivos por tiempo determinado para su estímulo y fomento.

15. Abrir caminos y canales de comunicación interior; promover y fomentar toda especie de industria, removiendo los obstáculos que la entorpezcan.

16. Decretar recompensas a los que presten al Estado grandes servicios.

17. Conceder rehabilitación a los que hayan perdido la calidad de ciudadano, en los casos que expresa el **Artículo** 21 de esta Constitución.

18. Calificar las elecciones de los diputados, primero y segundo jefe, individuos del Consejo, de la Corte Superior de Justicia y senadores del Estado, y admitir por las dos terceras partes de votos las renuncias que hicieren de sus respectivos cargos, a excepción de los senadores que hayan tomado posesión.

19. Hacer el nombramiento de los mismos funcionarios cuando éste no resulte de los votos populares, y señalar la indemnización o sueldo que deben gozar, a excepción de los senadores.

20. Declarar cuándo ha lugar a la formación de causa contra los diputados, jefe y segundo jefe, e individuos del Consejo y de la Corte Superior de Justicia.

21. Designar y variar el lugar de su residencia y la de los otros Supremos Poderes del Estado.

Título VII. De la formación, sanción y promulgación de la Ley

Capítulo primero. De la formación de la Ley

Artículo 82. Todo proyecto de ley debe presentarse por escrito, y solo podrán proponerlo a la Asamblea los diputados y el Poder Ejecutivo.

Artículo 83. El proyecto de ley debe leerse por dos veces en días diferentes, antes de admitirse o no a discusión; y admitido, se observarán las reglas que prevenga el reglamento interior de la misma Asamblea. En caso de que a juicio de ésta el proyecto sea urgente, podrá dispensarse esta formalidad.

Artículo 84. Desechado el proyecto de ley, no podrá proponerse otra vez en el mismo año.

Artículo 85. Si hubiese sido adoptado, se extenderá por triplicado en forma de ley. Se leerá en la Asamblea, y firmados por el presidente y secretarios se remitirán al Consejo Representativo.

Capítulo II. De la sanción de la Ley

Artículo 86. Las resoluciones de la Asamblea necesitan para ser válidas la sanción del Consejo Representativo, a excepción de las que sean relativas:

Primero, a su régimen interior, lugar y prórroga de sus sesiones;

Segundo, a la calificación de elecciones y renuncia de los electos;

Tercero, a la rehabilitación de los que hubieren perdido el derecho de ciudadano;

Cuarto, al apremio de los individuos ausentes de la misma Asamblea;

Quinto, a la declaratoria de haber lugar a formación de causa contra algún funcionario.

Artículo 87. El Consejo dará o negará la sanción por mayoría absoluta de votos, y para darla usará de esta fórmula: Al Jefe fiel Estado; la negará con esta otra: Vuelva a la Asamblea.

Artículo 88. El Consejo debe dar o negar la sanción dentro de quince días, contados desde el recibo de la resolución, pidiendo, si lo tuviere por conveniente, los informes del Gobierno, que deberá darlos dentro de ocho días. Pasados los quince días sin dar o negar la sanción, se entiende dada por el mismo hecho.

Artículo 89. El Consejo negará la sanción cuando la resolución sea contraria a la Constitución federal o a la presente; y también cuando juzgase que su observancia no es conveniente a los intereses del Estado o de la República. En estos casos devolverá a la Asamblea uno de los originales, con la fórmula correspondiente, exponiendo por separado los fundamentos de su opinión. La Asamblea los examinará y discutirá de nuevo la resolución devuelta. Si fuere ratificada por dos terceras partes, la resolución obtiene la sanción que precisamente dará el Consejo. En caso contrario, no podrá proponerse de nuevo sino hasta el siguiente año.

Capítulo III. De la promulgación de la Ley

Artículo 90. Luego que el Poder Ejecutivo reciba una resolución sancionada, o de las que no necesitan este requisito, ordenará su cumplimiento bajo su responsabilidad, disponiendo lo conveniente para su ejecución y haciéndola publicar y circular dentro de quince días a lo más; pudiendo pedir a la Asamblea prórroga de este término, si en algún caso fuere suficiente.

Artículo 91. La promulgación se hará en esta fórmula: El Jefe del Estado de Nicaragua. Por cuanto la Asamblea ha decretado y el Consejo Representativo sanciona lo siguiente (Aquí el texto literal). Por tanto, ejecútese.

Artículo 92. Una ley particular arreglará la solemnidad con que deban publicarse las leyes en la capital y en los demás pueblos del Estado.

Título VIII. Del Consejo representativo y sus atribuciones

Capítulo primero. Del Consejo

Artículo 93. Habrá un Consejo Representativo compuesto de un individuo nombrado por cada Departamento del Estado. Sus miembros se renovarán por mitad cada año, saliendo por suerte los de la primera renovación, y pudiendo ser reelectos una vez sin intervalo ninguna.

Artículo 94. Cada Junta Departamental elegirá el consejero correspondiente a su respectivo Departamento, a pluralidad absoluta de votos en la época de su reunión, y en acto distinto de la elección de los demás funcionarios, extendiendo acta por separado. También elegirá un suplente que funcione en los casos de muerte o legítimo impedimento del propietario, a juicio del Consejo.

Artículo 95. Para ser consejero se requiere: naturaleza en la República, tener treinta años de edad, ser ciudadano en el ejercicio de sus derechos y del estado seglar.

Artículo 96. No pueden ser nombrados consejeros los empleados del Gobierno Federal, ni los del Gobierno del Estado, por el Departamento en que ejercen su empleo, en caso que sus funciones se extiendan todo el territorio del mismo Departamento.

Artículo 97. El segundo jefe del Estado será presidente del Consejo y no tendrá voto, si no es en caso de empate. En su defecto, nombrará el Consejo uno de sus individuos para que le presida.

Artículo 98. Las sesiones del Consejo durarán todo el año, en la forma que prescriba su reglamento.

Capítulo II. Atribuciones del Consejo Representativo

Artículo 99. Corresponde al Consejo Representativo:

1. Dar o negar la sanción a las resoluciones de la Asamblea en la forma que establece esta Constitución en el Título anterior.

2. Velar sobre la observancia de la Constitución y las leyes, y sobre la conducta de los funcionarios del Estado, dando cuenta a la Asamblea, luego que esté reunida, de las infracciones que en el receso se notaren.

3. Aconsejar al Poder Ejecutivo todas las veces que consulte, especialmente en los casos en que la tranquilidad pública se halle o pueda ser alterada, y en las dudas que ofrezca la ejecución de las leyes y resoluciones de la Asamblea.

4. Convocar a la Asamblea en casos extraordinarios, citando a los suplentes de los diputados que hubieren fallecido durante el receso.

5. Proponer ternas al Poder Ejecutivo para el nombramiento del intendente, de los jefes departamentales, del comandante general y los jefes militares, de teniente coronel inclusive arriba.

6. Declarar cuándo ha lugar a formación de causa por delitos cometidos en el ejercicio de sus encargos contra el secretario o secretarios del despacho; y los funcionarios de que habla el párrafo anterior, a excepción de los jefes militares, si no es el comandante general.

7. Nombrar en sus primeras sesiones el tribunal que establece el **Artículo** 157 de esta Constitución.

Título IX. Del Poder Ejecutivo, sus atribuciones y de la Secretaría del Despacho

Capítulo primero. Del Poder Ejecutivo

Artículo 100. Residiendo el Poder Ejecutivo del Estado en un jefe nombrado popularmente; en su falta ejercerá sus funciones un segundo jefe, electo del mismo modo.

Artículo 101. Para las elecciones de ambos jefes, se reunirá cada Junta del Departamento el día siguiente al en que eligió, o debió elegir consejero, y los electores que la componen darán sus votos para el nombramiento del uno y otro funcionario.

Artículo 102. El voto de cada elector se escribirá separado y claramente en un registro, del cual se remitirá a la Asamblea una copia firmada por todos los sufragantes, cerrada y sellada, con expresión de contener sufragios para primero y segundo jefe.

Artículo 103. Reunidos los pliegos de todas las Juntas Departamentales, se regulará la votación por el número de electores de distrito que concurrieron a las mismas juntas. Se regulará primero la totalidad de los expresados electores, y siempre que de los sufragios resulte mayoría absoluta, la elección está hecha en la persona que la reunió, y la Asamblea la publicará por un decreto.

Artículo 104. Si no se verificase la elección, elegirá precisamente entre los designados por cualquier número de votos.

Artículo 105. Para ser primero y segundo jefe se requieren las mismas cualidades que para consejero, y su duración será de cuatro años, no pudiendo ser reelegidos, sin intermisión, más de una sola vez.

Artículo 106. En defecto temporal de ambos jefes sucederá el presidente del Consejo Representativo. Pero si el impedimento o defecto no fuere temporal, y faltare más de un año para la renovación periódica, será convocada la Asamblea extraordinariamente para que elija un ciudadano que ejerza al Poder Ejecutivo entre los que hayan obtenido votos populares para el nombramiento del jefe que debe subrogarse; no habiendo entre los designados para primer jefe, se nombrará entre los designados para segundo. En falta de uno y otro, se elegirá entre los consejeros.

Artículo 107. Si faltaren más de dos años para la renovación, sufragarán de nuevo las Juntas de Departamento para subrogar la falta. El electo en este caso, durará en sus funciones el tiempo que solo faltaba al que va a sustituir.

Artículo 108. El Jefe del Estado, después de haber concluido su encargo, no podrá ausentarse del territorio de la República hasta pasado tres meses, si no es con permiso de la Asamblea o, en su receso, del Consejo.

Capítulo II. Atribuciones del Poder Ejecutivo

Artículo 109. Corresponde al Poder Ejecutivo:

1. Publicar y ejecutar las leyes, cuidar de su observancia y hacer conservar el orden público.

2. Consultar a la Asamblea sobre la inteligencia de la ley, y al Consejo, sobre las dudas y dificultades que ofrezca su ejecución.

3. Consultar asimismo al Consejo en los negocios del Gobierno, especialmente en los graves. En caso que se conforme con la opinión de éste, cesa su responsabilidad.

4. Nombrar a propuesta, en terna del Consejo, los empleados de que habla el **Artículo** 99, facultad 5.ª Al igual propuesta de la Corte Superior, los que designa el **Artículo** 145 y los empleados subalternos, proponiéndolos también en terna sus respectivos jefes.

5. Dirigir la fuerza armada del Estado, reunir la cívica en casos de insurrección o invasión repentina y usar de toda ella en los mismas casos, dando cuenta inmediatamente a la Asamblea y en su receso al Consejo para que la den al Congreso Federal. Pero para mandar por sí mismo la fuerza armada, necesita del consentimiento del Consejo, recayendo entonces el Gobierno en el segundo jefe.

6. En casos graves y urgentes, podrá disponer el arresto de las personas que exija el bien y seguridad del Estado, e interrogar a los que se presuman reos; pero dentro de tercero día deberá ponerlas a disposición del juez competente.

7. Dar cada año a la Asamblea, al abrir sus sesiones, cuenta del estado de todos los ramos de la Administración Pública, haciendo una relación detallada de las rentas, erogaciones y recursos del Estado, indicando las mejoras que puedan hacerse en estos objetos y presentando el Presupuesto de Gastos del año próximo y el modo de cubrirlos.

8. Velar en la recaudación de las mismas rentas, celando la conducta de sus administradores.

9. Nombrar y separar libremente, sin necesidad de causa, al secretario o secretarios del despacho. Trasladar con arreglo a las leyes de unos destinos a otros equivalentes en rango y goces a los agentes funcionarios del Gobierno; suspenderlos según dispongan las mismas por determinado tiempo; y en caso de ineptitud y faltas graves, destituirlos con acuerdo del Consejo, precediendo pruebas justificativas y audiencia del interesado.

10. Cuidar de que se cumplan y ejecuten las sentencias de los jueces y tribunales.

11. Ejercer el derecho de exclusión con acuerdo del Consejo, mientras tiene lugar otra cosa entre las potestades civil y eclesiástica, no consintiendo que ningún eclesiástico entre a ejercer beneficio, curado o prelacía regular sin su anuencia y pase al título que le será precisamente presentado.

12. Hacer cumplir en el Estado las leyes y órdenes de los poderes de la Federación, pasando a la Asamblea copia de ellas dentro de dos días después de su recibo; y en su receso, con dictamen del Consejo, representar a los mismos poderes sobre aquellas que sean inconstitucionales y ataquen a los derechos del Estado.

13. Dar a la Asamblea y al Consejo los informes que le pidieren, y en los asuntos que merezcan reserva, lo expondrá así, para que le dispensen su manifestación o se la exijan, si el caso lo requiere. Cuando los informes sean necesarios para

hacer efectiva la responsabilidad del jefe, no podrán rehusarse ni reservarse los documentos después de haber declarado que ha lugar a la formación de causa.

14. Servir de conducto en las comunicaciones de las autoridades del Estado con las Supremas Federales y con los Gobiernos de los demás Estados de la Unión. Pero en los negocios judiciales se entenderán directamente entre sí los jueces y tribunales.

Capítulo III. De la Secretaría del Despacho

Artículo 110. El Poder Ejecutivo tendrá uno o más secretarios para el despacho de los negocios, según determine la ley, y ninguna orden del Gobierno que no esté autorizada por el secretario será obedecida por autoridad ni persona alguna.

Artículo 111. El secretario del Despacho es responsable siempre que autorice decretos o providencias contrarias a la Constitución o a las leyes. Mas se excusa de la responsabilidad cuando haga constar en el libro de decretos y providencias, que representó al jefe de su opinión contraria.

Artículo 112. Para ser secretario se necesita ser ciudadano en el ejercicio de sus derechos y mayor de veinticinco años.

Título X. Del Poder Judicial

Capítulo primero. Disposiciones generales

Artículo 113. El Poder Judicial se ejercerá por los tribunales y jueces del Estado, y a ellos pertenece exclusivamente la potestad de aplicar las leyes en las causas civiles y criminales;

pero sus funciones se limitarán precisamente a esto, y a hacer que se ejecute lo juzgado.

Artículo 114. Ni la Asamblea, ni el Consejo, ni el Poder Ejecutivo podrán ejercer en ningún caso las funciones judiciales, ni avocarse causas pendientes; y ni estas autoridades, ni otra alguna, podrán abrir los juicios fenecidos.

Artículo 115. Las leyes arreglarán el orden y formalidades de los juicios, de manera que se ejecuten con brevedad y sin vicios, y todos los habitantes del Estado estarán igualmente sujetos a lo que ellas prescriban.

Artículo 116. Todo habitante deberá ser juzgado por el juez o tribunal competente, establecido con autoridad por la ley; y no podrán formarse comisiones, ni tribunales especiales para conocer en determinados delitos, ni para cierta clase de ciudadanos, si no es en los casos de tumulto, rebelión o ataque con fuerza armada a las autoridades constituidas.

Artículo 117. En los negocios comunes, civiles y criminales, no habrá más que un solo fuero para toda clase de personas.

Artículo 118. Los eclesiásticos y militares continuarán en el goce de su fuero, en los términos que prescriben las leyes o que en adelante prescribieren.

Artículo 119. Unos mismos jueces no podrán conocer en distintas instancias, y los juicios serán públicos, en el modo y forma que determinen las leyes.

Capítulo II. De la Administración de Justicia en lo civil

Artículo 120. No se podrá privar a ninguna persona del derecho de terminar sus diferencias por medio de jueces árbitros elegidos por las partes. La sentencia que dieren será inapelable, si los comprometidos no se hubiesen reservado este derecho.

Artículo 121. Sin constancia de que se ha intentado el medio de la conciliación, no se entablará ningún juicio escrito, civil o sobre injurias.

Artículo 122. En todo negocio, cualquiera que sea su cuantía, habrá a lo más tres instancias y tres sentencias definitivas pronunciadas en ellas; pero la ley podrá restringir el número de instancias según el interés y calidad de los negocios, y designar la sentencia que ha de causar ejecutoria.

Capítulo III. De la Administración de Justicia en lo criminal

Artículo 123. No podrá imponerse pena de muerte, sino en los delitos que atenten directamente contra el orden público, en el asesinato y homicidio premeditado y seguro.

Artículo 124. Queda abolido para siempre el uso del tormento, los apremios, la confiscación de bienes, azotes y penas crueles.

Artículo 125. Ninguna pena, ni aun la de infamia, será trascendental y su efecto se limitará precisamente a solo el que la mereció.

Artículo 126. Nadie puede ser preso, sino en virtud de orden escrita de autoridad competente para darla. No podrá librarse esta orden sin que preceda justificación de que se ha cometido un delito que merezca pena más que correccional, y sin que resulte al menos por el dicho de un testigo quién es el delincuente.

Artículo 127. Pueden ser detenidos:

Primero, el delincuente cuya fuga se tema con fundamentos;

Segundo, el que sea encontrado en el acto de delinquir, y en este caso, todos pueden conducirle a la presencia del juez.

Artículo 128. La detención no podrá durar más de cuarenta y ocho horas, y durante este término, deberá la autoridad que la haya ordenado, practicar la justificación que corresponde, y según su mérito librar por escrito la orden de prisión o libertad del detenido.

Artículo 129. Ningún alcaide o carcelero podrá recibir ni detener en la cárcel a ninguna persona sin transcribir en su registro de presos o detenidos la orden de prisión o detención.

Artículo 130. Todo preso debe ser interrogado dentro de cuarenta y ocho horas, y el juez está obligado a decretar la libertad o permanencia dentro de las veinticuatro horas siguientes. Pero se puede imponer arresto por pena correccional, previas las formalidades legales, sin que esta pena exceda de treinta días.

Artículo 131. Ningún preso o detenido podrá ser llevado a otro lugar de prisión que el que esté pública y legalmente destinado al efecto.

Artículo 132. El alcaide o carcelero no podrá prohibir al preso la comunicación con persona alguna, si no es en el caso de que la orden de prisión transcrita en el registro contenga la cláusula de incomunicación. Esta no podrá continuar después de tomada la confesión al preso.

Artículo 133. Todo el que no estando autorizado por la ley expidiere, firmare, ejecutare o hiciese ejecutar la prisión o detención de aluna persona, y todos los jueces o alcaldes que contravinieren a las disposiciones precedentes, serán reos de detención arbitraria.

Artículo 134. No podrá ser llevado ni detenido en la cárcel el que diere fianza, en los casos que la ley no lo prohíba.

Artículo 135. Ninguna casa puede ser registrada, sino por mandato escrito de autoridad competente, dado en virtud de dos deposiciones formales, que presten motivo al allanamiento, el que deberá efectuarse de día. También puede registrarse a toda hora por un agente de la autoridad pública:
Primero, en persecución actual de un delincuente;
Segundo, por un desorden escandaloso, que exija pronto remedio;
Tercero, por reclamación hecha del interior de la casa. Mas hecho el registro, se comprobará con dos deposiciones haberse verificado por alguno de los motivos expresados.

Artículo 136. Solo en los delitos de traición a la patria se pueden ocupar los papeles de los habitantes del Estado, y únicamente podrá practicarse su examen cuando sea indispensable para la averiguación de la verdad, a presencia del interesado, devolviéndose en el acto cuantos no tengan relación con lo que se indaga.

Artículo 137. En materias criminales, a nadie se recibirá juramento sobre hecho propio, y al tomarse confesión al tratado como reo, se le dará conocimiento de los testigos; se leerán sus declaraciones y todos los documentos que obren contra él. El proceso de allí en adelante será público.

Artículo 138. Se dispondrán las cárceles de manera que sirvan para asegurar y corregir, y no para molestar a los presos. Serán visitados con la frecuencia que determinen las leyes, y las mismas arreglarán las formalidades que se han de observar en las visitas.

Capítulo IV. Organización de la Corte Superior de Justicia y sus atribuciones

Artículo 139. Habrá una Corte Superior de Justicia, elegida por todos los pueblos del Estado, y compuesta de magistrados, cuyo número no podrá ser menos de cinco ni más de siete; se renovarán por mitad cada dos años y podrán siempre ser reelegidos.

Artículo 140. Tendrá la Corte Superior tres suplentes, que en falta de los propietarios harán sus veces, y serán elegidos de la misma manera que éstos.

Artículo 141. La Corte designará en su caso el suplente que deba concurrir.

Artículo 142. Para ser magistrado de la Corte Superior se requiere ser ciudadano en el ejercicio de sus derechos, tener veintiocho años de edad, siete de residencia en la República, del estado seglar y ser letrado. Pero esta última cualidad no se exigirá hasta que haya en el Estado competente número de letrados y la Asamblea lo determine.

Artículo 143. En la renovación de la Corte Superior, las Juntas de Departamento se reunirán en día y acto distinto de la elección de los demás funcionarios; procederán a sufragar por cada uno de los individuos que deben renovarse en los mismos términos que para el nombramiento del primero y segundo jefe previene el **Artículo** 102, Título I de esta Constitución, y para el escrutinio, regulación de votos y elección procederá la Asamblea según el orden prescrito en los **Artículos** 103 y 104 del mismo Título.

Capítulo V. Atribuciones de la Corte Superior

Artículo 144. Corresponde a la Corte Superior conocer:
1. De todas las causas civiles y criminales en segunda y tercera instancia según prescriban las leyes, y de los recursos de nulidad que determinen las mismas leyes.
2. De los asuntos civiles contenciosos correspondientes a las personas militares, en las mismas instancias.
3. De las causas de suspensión y separación de los jueces de primera instancia.

4. De las competencias entre todos los jueces inferiores; de las que ocurran entre éstos y cualesquier otros jueces o tribunales, y de las que se susciten entre estos últimos.

5. De los recursos de fuerza que se introduzcan de los jueces y demás autoridades eclesiásticas.

6. De las causas que se formen al primero y segundo jefe del Estado, a los individuos del Consejo representativo, y a todos les demás funcionarios, contra quienes el mismo Consejo haya declarado haber lugar a formación de causa.

Artículo 145. Corresponde también a la Corte de Justicia: proponer ternas al Poder Ejecutivo para el nombramiento de jueces letrados de primera instancia, cuando éstos se establezcan, y de los auditores o asesores militares.

Artículo 146. La Corte de Justicia velará sobre la conducta de los jueces inferiores, cuidando de que administren justicia, y visitará las cárceles del pueblo de su residencia, conforme dispongan las leyes.

Capítulo VI. De los jueces inferiores

Artículo 147. Se establecerán jueces letrados de primera instancia tan pronto como sea posible.

Artículo 148. Ínterin se puede ejecutar la anterior disposición, una ley particular arreglará provisionalmente el modo y forma en que se ha de administrar la justicia en primera instancia.

Título XI. Del Gobierno interior de los departamentos y de los pueblos

Capítulo único

Artículo 149. El gobierno de cada departamento estará a cargo de un jefe nombrado por el Poder Ejecutivo, en los términos prevenidos por esta Constitución, y sus atribuciones las determinará una ley particular.

Artículo 150. Para el gobierno interior de los pueblos, habrá municipalidades compuestas de alcalde o alcaldes, regidores, y de procurador o procuradores, síndicos popularmente electos.

Artículo 151. El número de individuos que deben componer las municipalidades, los pueblos en que debe haberlas, sus atribuciones y el modo de ser nombrados, serán también arreglados por una ley particular.

Título XII. De la responsabilidad de los funcionarios del Estado

Capítulo único

Artículo 152. Todos los funcionarios del Estado, antes de posesionarse de sus empleos prestarán juramento de sostener y defender con toda su autoridad la Constitución Federal de la República y la presente, y ser fieles a la nación y al mismo Estado.

Artículo 153. Todo funcionario público es responsable con arreglo a las leyes del ejercicio de sus funciones.

Artículo 154. Deberá declararse que ha lugar a la formación de causa contra los diputados, por traición a la patria, venalidad, falta grave en el desempeño de sus funciones y delitos comunes que merezcan pena más que correccional.

Artículo 155. En todos estos casos, y en los de infracción de ley y usurpación, habrá igualmente lugar a formación de causa contra los individuos del Consejo, de la Corte Superior de Justicia; contra el jefe, segundo jefe del Estado y secretario o secretarios del Despacho.

Artículo 156. Declarado que ha lugar a la formación de causa contra un diputado, será seguida y terminada según la ley del régimen interior de la Asamblea.

Artículo 157. Hecha igual declaratoria contra el jefe del Estado y segundo jefe, si ha hecho sus veces, y sentenciada la causa por la Corte Superior, conocerá en apelación un tribunal compuesto de cinco individuos que nombrará el Consejo entre los suplentes del mismo y los de la Asamblea que no hayan funcionado en ella.

Artículo 158. Sentenciada la causa de cualquier individuo del Consejo, por la Corte Superior, previa la declaratoria correspondiente, conocerá en apelación otro tribunal de cinco individuos que debe nombrar la Asamblea entre los ciudadanos que obtuvieren votos populares indistintamente para todos los destinos de la misma Corte.

Artículo 159. De las causas de los individuos de la Corte Superior, precediendo también la declaratoria debida, conocerá el tribunal nombrado por la Asamblea de que habla el **Artículo** anterior.

Artículo 160. Las disposiciones de que hablan los cuatro **Artículos** precedentes, solo tendrán lugar en los funcionarios que estuvieren en posesión de sus destinos.

Artículo 161. Los delitos mencionados en los **Artículos** 154 y 155 producen acción popular.

Artículo 162. Todo acusado queda suspenso en el acto de declararse que ha lugar a la formación de causa: depuesto siempre que resulte reo; e inhabilitado para todo cargo público, si la causa diere mérito según la ley. En lo demás a que hubiere lugar, se sujetarán al orden y tribunales comunes.

Título XIII. De la observancia de la Constitución y leyes y reforma de la misma

Capítulo único

Artículo 163. La Asamblea en sus primeras sesiones tomará en consideración las infracciones de la Constitución y leyes que se le hagan presentes, para poner el conveniente remedio y hacer efectiva la responsabilidad de los contraventores, dictando al efecto las providencias que parezcan conducentes.

Artículo 164. Todas las leyes que hasta aquí han regido continuarán en su vigor y fuerza, si no son las que se opongan a la Constitución de la República y del Estado, y a las que han sido dadas por las Legislaturas Nacionales y del mismo Estado.

Artículo 165. En cualquier tiempo que se juzgue necesaria la reforma o adición de algunos **Artículos** de esta Constitución podrá proponerse, observando las reglas siguientes:

1. El proyecto de reforma o adición se presentará por escrito, firmado al menos por tres diputados, y se leerá por dos veces con el intervalo de ocho días.

2. Admitido a discusión pasará a una comisión, cuyo dictamen presentará después de pasados doce días.

3. El dictamen de la comisión será leído por dos veces, con el mismo intervalo que el proyecto.

4. La reforma o adición deberá ser aprobada por los dos tercios de votos de los diputados que se hallaren presentes.

5. Luego que se obtenga la aprobación del modo prevenido, no deberá tenerse por válida la reforma o adición, ni hacer parte de la Constitución hasta que no la sancione la legislatura inmediata.

Artículo 166. Si el proyecto no fuere admitido no podrá volverse a proponer, en el mismo año.

Artículo 167. Hasta pasados tres años podrá reverse en su totalidad esta Constitución, y declarándose haber lugar a la revisión, según las reglas del **Artículo** anterior, se convocará una Asamblea Constituyente, cuyos diputados traerán de sus comitentes poderes bastantes y especiales.

Artículo 168. La presente Constitución está solemnemente sancionada por esta Asamblea Constituyente.

Dada en la ciudad de León, a 8 de abril de 1826. Manuel Mendoza, diputado por Matagalpa, presidente. Isidro Reyes, diputado por León, vicepresidente. Pedro Muñoz, diputado por Nicaragua. Ramón Pacheco, diputado por Subtiava. Gregorio Porras, diputado por el Realejo. Silvestre Selva, diputado por Granada. Francisco Reñazco, diputado por Masaya. Juan José Zavala, diputado por Managua. José Vicente Morales, diputado suplente por León. Juan Manuel Zamora, diputado por Masaya. Francisco Parrales, diputado por Nicaragua, secretario. Sebastián Escobar, diputado por Granada, secretario.

León, abril 22 de 1826. Ejecútese. Firmado de mi mano, sellado con el sello del Estado y refrendado por el secretario interino del Despacho general del Gobierno mismo. -Juan Argüello. -José Miguel de la Quadra, Srio.

Constitución de 1838

12 de noviembre de 1838

En presencia de Dios, Autor y Supremo Legislador del Universo.

Nosotros los representantes del pueblo de Nicaragua, congregados en Asamblea Constituyente, y autorizados plena y legalmente por nuestros comitentes, para reformar la Ley Fundamental decretada por la Asamblea del Estado en 8 de abril de 1826, y emitir otra que asegure mejor su felicidad y prosperidad, decretamos la siguiente: Constitución política.

Capítulo primero. Del Estado y su territorio

Artículo 1. El Estado conservará su denominación: Estado de Nicaragua; se compone de todos sus habitantes, y pertenecerá por medio de un pacto a la Federación de Centroamérica.

Artículo 2. El territorio del Estado es el mismo que antes comprendía la provincia de Nicaragua; sus límites son: por el Este y Nordeste, el mar de las Antillas; por el Norte y Noroeste, el Estado de Honduras; por el Oeste y Sur, el mar Pacífico, y por el Sudeste, el Estado de Costa Rica. Las líneas divisorias de los Estados limítrofes serán demarcadas por una ley que hará parte de la Constitución.

Artículo 3. El territorio se dividirá en departamentos y distritos, cuyo número y límites arreglará una ley particular.

Capítulo II. De los derechos y deberes del Estado

Artículo 4. El Estado es, y por derecho debe ser, cuerpo político y como tal, es libre, soberano e independiente.

Artículo 5. La soberanía es una, indivisible, inajenable e imprescriptible; pertenece al Estado. Ninguna porción de él, ni individuo alguno, puede arrogarse sus funciones.

Artículo 6. Es esencial al Soberano, y su primer objeto, la conservación de la libertad, igualdad, seguridad y propiedad.

Artículo 7. El Estado, del cual dimanan los poderes, no puede ejercerlos sino por delegados suyos en la forma establecida por la Constitución.

Artículo 8. Todo funcionario ejerce la autoridad que le ha sido delegada, a nombre del Estado, y conforme a la ley; ninguno es superior a ella, por ella funcionan, y por ella se les debe obediencia y respeto.

Artículo 9. La fuerza pública es esencialmente obediente; está instituida para seguridad común y, estando en actual servicio, le es prohibido deliberar. El funcionario a quien se confíe, si abusare de ella, comete un crimen grave.

Artículo 10. La Policía de seguridad estará a cargo de las autoridades civiles, según determinan las leyes.

Artículo 11. Ningún oficio público es venal, ni hereditario en el Estado; no habrá en éste condecoraciones ni distintivos de sucesión, ni vinculaciones de ninguna clase.

Artículo 12. Ninguna disposición que emane del Poder Federal, que no esté en sus atribuciones o ataque los derechos del Estado consignados en su Constitución, debe ser guardada por éste.

Artículo 13. No podrá desarmarse a ninguna población, ni despojarse a persona alguna de cualquiera clase de armas que tenga en su casa o de las que lleve lícitamente, sino en caso de que con fuerza armada haya tumulto, rebelión o ataque a las autoridades constituidas.

Artículo 14. Tampoco podrán impedirse, si no es en el mismo caso, las reuniones populares que tengan por objeto algún placer honesto, discutir sobre política o examinar la conducta pública de los funcionarios.

Artículo 15. Los extranjeros y transeúntes disfrutarán de todas las garantías que franquea la Constitución, de la misma manera que las gozan los naturales del país.

Artículo 16. El Estado observará religiosamente el pacto que celebre con los demás de la Unión; reconocerá la parte que le toque de la deuda general, según el repartimiento que haya de hacerse proporcionalmente, y concurrirá con la misma proporción a los gastos de la administración general y a la defensa común.

Capítulo III. De los nicaragüenses y de los
ciudadanos

Artículo 17. Son nicaragüenses todos los habitantes del Estado avecindados en cualquier punto de su territorio: la vecindad se adquiere por los modos que establezcan las leyes.

Artículo 18. Son ciudadanos todos los nicaragüenses naturales o naturalizados mayores de veinte años, o los de dieciocho que tengan algún grado científico o sean casados, poseyendo, además, todos alguna propiedad, oficio o profesión de que subsisten, calificado conforme a la ley.

Artículo 19. Son naturales los nacidos en este Estado o en cualquier otro de los da Centroamérica, y aun los hijos de éstos que nacieren en otro país extranjero, siempre que sus padres estén al servicio de la República o del Estado, o que su ausencia no pase de cinco años y fuere con noticia del Gobierno.

Artículo 20. Son naturalizados:
1. Los españoles y cualquier extranjero que, hallándose radicados en el territorio de la República al proclamar su independencia, la hubieren jurado.
2. Los naturales de las otras Repúblicas de América que vinieren a radicarse en el Estado, manifestando su designio ante la autoridad local, y
3. Los que hubieren obtenido u obtengan carta de naturaleza conforme a las leyes.

Artículo 21. Se pierde el derecho de ciudadano:
1. Por sentencia judicial dada por un delito que, según la ley, merezca pena más que correccional.

2. Por traficar en esclavos.

3. Por adquirir naturaleza en país extranjero, admitir empleos, pensiones o títulos hereditarios de Gobierno extraño o personales sin permiso del Poder Legislativo, el que en todos los casos de este **Artículo** podrá conceder rehabilitación.

Artículo 22. Se suspenden los derechos de ciudadano:

1. Por estar procesado criminalmente por un delito que, según la ley, merezca pena más que correccional, después de proveído el auto de prisión.

2. Por declaratoria de haber lugar a la formación de causa contra los funcionarios públicos que la ley designa.

3. Por ser deudor fraudulento declarado, o deudor calificado a cualquiera de los fondos públicos y judicialmente requerido de pago.

4. Por conducta notoriamente viciada.

5. Por la condición de sirviente doméstico cerca de la persona.

6. Por incapacidad física o moral, calificada con arreglo a la ley.

Artículo 23. Solo los ciudadanos en ejercicio pueden obtener y ejercer oficios públicos en el Estado, y sufragar en las elecciones populares.

Artículo 24. Los ciudadanos de los otros Estados tienen en éste expedito el ejercicio de la ciudadanía, en cuanto pueden ser electos para destinos que no requieren vecindad en el Estado.

Capítulo IV. De los derechos y deberes de los nicaragüenses y ciudadanos

Artículo 25. Los derechos de los nicaragüenses son: la libertad, la igualdad, la seguridad y la propiedad, los cuales son inajenables e imprescriptibles, como inherentes a la naturaleza del hombre; y su conservación el objeto primordial de la sociedad.

Artículo 26. Todo hombre es libre en el Estado, y nadie puede venderse ni ser vendido.

Artículo 27. Ninguno tiene obligación de hacer lo que la ley no ordena, ni puede impedírsele lo que ella no prohíbe.

Artículo 28. Las acciones privadas que no hieren el orden, la moralidad ni la decencia pública, ni producen perjuicio de tercero, están fuera de la acción de la ley.

Artículo 29. Todo hombre puede libremente comunicar sus pensamientos por la palabra, por la escritura y por la imprenta, sin previa censura, siendo responsable ante la ley por el abuso de esta libertad.

Artículo 30. Ningún hombre pude ser inquietado, molestado ni perseguido por sus opiniones de cualquier clase y naturaleza que sean, con tal de que por un acto positivo no infrinja la ley.

Artículo 31. Todo nicaragüense tiene expedito el derecho de petición en la forma que la ley lo arregle.

Artículo 32. También puede trasladarse a cualquier punto de la República o país extranjero, siempre que se halle libre de toda responsabilidad, y volver al Estado cuando le convenga.

Artículo 33. La casa de cualquier habitante del Estado es un asilo sagrado que no puede ser violado sin cometer crimen; fuera de los casos prevenidos en Constitución, y con las formalidades ordenadas en ella.

Artículo 34. Ningún habitante del Estado podrá ser detenido ni preso, sino en la forma que la Constitución previene.

Artículo 35. Solo en los delitos de traición a la patria se pueden ocupar por autoridad competente los papeles de los habitantes del Estado, y únicamente podrá practicarse su examen cuando sea indispensable a la averiguación de la verdad y a presencia del interesado, devolviéndole en el acto cuantos no tengan relación con lo que se indaga.

Artículo 36. Es inviolable el secreto de las cartas, y las que se sustraigan de las oficinas de correos, de sus conductores o de cualquier otro lugar no producen efecto legal, ni pueden presentarse en testimonio contra ninguno.

Artículo 37. Toda ley ex post facto, o retroactiva, es esencialmente injusta y tiránica, y todos y cada uno de los habitantes tienen derecho en todo tiempo para reclamar la misma ley y sus efectos, sean cuales fueren las circunstancias con que hayan intentado cohonestarse.

Artículo 38. Ni el Poder Legislativo ni el Ejecutivo pueden en caso alguno declarar delincuente a ningún hombre, ni condenarlo a sufrir pena alguna. El juicio y la pena deben ser obra de una autoridad judicial competente, en la forma y previos todos los requisitos establecidos por la ley.

Artículo 39. Se prohíbe para siempre la pena de excluir de la protección y seguridad de la ley a ningún habitante del Estado. La proscripción es un acto inhumano contrario al objeto de la sociedad.

Artículo 40. La pena de confiscación, que consiste en apropiarse el fisco los bienes de alguna persona, no podrá imponerse por ningún delito, sea cual fuere su naturaleza y enormidad, aun con pretexto de indemnización a los fondos públicos.

Artículo 41. Las propiedades de los habitantes y corporaciones son garantizadas por la Constitución; ninguna autoridad puede tomarlas ni perturbar a persona alguna en el libre uso de sus bienes; solo se podrán ocupar cuando se necesiten para un objeto de interés público, calificado en la forma que la ley determine, e indemnizándose antes al propietario de su justo valor.

Artículo 42. La vida, la reputación, la libertad y la seguridad de todos los habitantes del Estado son igualmente protegidas por la Constitución. Ninguno puede ser privado de tan sagrados derechos, sino con las formalidades y en los casos prevenidos por la ley.

Artículo 43. No podrá imponerse ninguna contribución ni empréstito que no sea por el Poder Legislativo, y nunca sin una justa proporción a las facultades de cada uno de los contribuyentes. Ninguna contribución pesará sobre determinadas personas.

Artículo 44. Ningún poder tiene facultad para anular en la sustancia ni en sus efectos ningún acto público ni privado, ejecutado en conformidad de una ley anterior vigente al tiempo de su verificación, o sin la prohibición de una ley preexistente.

Artículo 45. Ningún poder tiene facultad para anular en la sustancia, ni en sus efectos, las garantías consignadas en la ley fundamental, y cualquier determinación, sea en forma de ley, decreto, providencia, sentencia, auto u orden que las contraríe, es por el mismo hecho nula, y ninguno tiene obligación de acatarla ni obedecerla.

Artículo 46. Todos los ciudadanos son admisibles a los empleos públicos del Estado; no hay entre ellos distinciones sociales, sino las que dan las virtudes y los talentos.

Artículo 47. Es obligación de los ciudadanos nicaragüenses servir los cargos públicos del Estado. La ley determinará el modo con que deba hacerse efectiva esta obligación, y los casos e individuos a que no debe extenderse.

Artículo 48. Todos los habitantes del Estado, sin excepción ni privilegio alguno, están obligados:

1. A obedecer y respetar la ley que es igual para todos, ya premie, ya castigue.

2. A obedecer y respetar las autoridades establecidas.

3. A defender a la patria con las armas cuando sean llamados por la ley.

4. A contribuir en proporción a sus haberes para los gastos públicos legalmente decretados.

Capítulo V. Del Gobierno y de la Religión

Artículo 49. El Gobierno del Estado es el republicano, popular, representativo, cuyo objeto es la felicidad de los individuos que componen el mismo Estado.

Artículo 50. La soberanía del Estado se dividirá para su ejercicio, en los poderes Legislativo, Ejecutivo y Judicial.

Artículo 51. El Poder Legislativo reside en dos cámaras: la de Diputados y la del Senado. El Poder Ejecutivo en un Supremo Director, y el Judicial en la Suprema Corte de Justicia.

Artículo 52. Ningún funcionario de los altos poderes es perpetuo; la Constitución señala las épocas en que deben renovarse.

Artículo 53. La Religión Católica, Apostólica, Romana es la que profesa el Estado, cuyo culto protege el Gobierno, mas no prohíbe el ejercicio público de las demás religiones.

Capítulo VI. De la elección de las Supremas Autoridades del Estado

Sección primera. De la elección en general

Artículo 54. Para la elección de los diputados y director, se celebrarán Juntas Populares y de Distrito, y para la de senadores habrá, además, Juntas de Departamento.

Artículo 55. Las Juntas Populares se compondrán de ciudadanos en el ejercicio de su derecho; las de Distrito de los electores primarios, y las de Departamento de los electores de Distrito.

Artículo 56. Toda Junta será organizada por un directorio compuesto de un presidente, dos escrutadores y dos secretarios elegidos por ella misma.

Artículo 57. Las acusaciones sobre fuerza, cohecho o soborno serán decididas por la Junta, en la forma que la ley determine. Probada la acusación, será el acusado privado del voto activo y pasivo por aquella vez.

Artículo 58. Los electores de Distrito y de Departamento no son responsables por su ejercicio electoral. Las leyes acordarán las garantías necesarias para que libre y puntualmente verifiquen su encargo.

Artículo 59. En las épocas de elección constitucional, se celebrarán el primer domingo de noviembre las Juntas Populares, el primer domingo de diciembre las de Distrito, y el primer domingo de enero las de Departamento.

Artículo 60. Ningún ciudadano podrá excusarse del cargo de elector por motivo ni pretexto alguno.

Artículo 61. Nadie puede presentarse con armas a los actos de elección ni votarse a sí mismo.

Artículo 62. Las Juntas no podrán deliberar sino sobre objetos designados por la ley. Es nulo todo acto que esté fuera de su legal intervención.

Artículo 63. Los actos de elección periódica constitucional no necesitan para ser válidos de anterior convocatoria, y aunque ésta falte deberá celebrarse en su época.

Sección II. De las Juntas Populares

Artículo 64. La base menor de una Junta Popular será de ciento treinta habitantes; la mayor, de tres mil trescientos.

Artículo 65. La base para la representación del Estado es la población, o el número total de sus habitantes naturales o naturalizados, de todos sexos y edades.

Artículo 66. Se formarán registros de los ciudadanos que resulten de la base de cada Junta y los inscritos únicamente tendrán voto activo y pasivo.

Artículo 67. Las Juntas nombrarán un elector primario por cada trescientos treinta habitantes; la población que tuviere un residuo que exceda de la mitad de este número, nombrará un elector más; y si alguna población, por sí sola no llegare al expresado número de trescientos treinta habitantes, se reunirá a votar con la más inmediata.

Sección III. De las Juntas de Distrito

Artículo 68. Los electores primarios se reunirán en los lugares que la ley designe.

Artículo 69. Por cada veinte mil habitantes se elegirá un diputado, y si algún Distrito tuviere un residuo de diez mil, nombrará, además, otro representante. Para formar Junta de Distrito deberán concurrir, por lo menos, las dos terceras partes de los electores primarios que le corresponden.

Artículo 70. En la renovación del director del Estado, los electores sufragarán en acto distinto por dos individuos para este destino, debiendo ser precisamente uno de ellos vecino de otro Departamento de aquel en que se elige, y cada voto será registrado con separación.

Artículo 71. Los directorios de las Juntas de Distrito formarán de cada acto de elección lista de los electores, con expresión de sus votos.

Artículo 72. Las listas relativas a la elección de director deberán leerse y firmarse a presencia de los electores, y remitirse cerradas y selladas a la secretaría del Gobierno.

Artículo 73. Las Juntas de Distrito elegirán también en acto diverso los electores que han de concurrir a la cabecera del Departamento a la elección de senadores conforme determine la ley, de manera que sean dos electores por cada Departamento.

Sección IV. De las Juntas de Departamento

Artículo 74. Reunidos por lo menos las tres cuartas partes de los electores del Distrito, en la cabecera del Departamento, y organizada la Junta con su directorio, procederá a elegir por mayoría absoluta de votos por la primera vez los dos senadores propietarios y dos suplentes que a cada Departamento correspondan. En lo sucesivo turnará la elección entre los Departamentos según disponga la ley.

Sección V. De la regulación de votos y modo de verificar la elección de Director del Estado

Artículo 75. Reunidos los pliegos de elecciones de director, las cámaras de Representantes y Senadores unidas los abrirán y regularán la votación para elección popular por el número de los electores que, efectivamente, hayan sufragado en las Juntas de Distrito.

Artículo 76. Siempre que en favor de un individuo resulten las dos terceras partes de votos, la elección está hecha; y si dos individuos obtuvieren elección popular con igual número de sufragios, decidirá la suerte. Si no hubiere elección popular, las cámaras elegirán por mayoría absoluta de votos entre los que tengan de ciento ochenta arriba; si esto no se verificase, nombrarán entre los que tuvieren de noventa votos arriba, y no resultando los suficientes para ninguno de estos dos casos, las cámaras elegirán. También por mayoría absoluta entre los individuos que obtengan cualquier número de votos.

Sección VI. Disposiciones generales

Artículo 77. En un mismo sujeto la elección de propietario prefiere a la de suplente.

Artículo 78. Si en un mismo ciudadano concurrieren diversas elecciones para los supremos poderes, se determinará la preferencia por la siguiente escala:

Primero, la de director del Estado;

Segundo, la de senador;

Tercero la de representante;

Cuarto, la de individuo de la Suprema Corte de Justicia.

Artículo 79. Los ciudadanos que hayan servido por el término constitucional cualquier destino electivo en el Estado, no serán obligados a continuar en el mismo ni admitir otro diverso, sin que haya transcurrido el intervalo de un año.

Artículo 80. La elección de director del Estado se publicará por un decreto de las cámaras.

Artículo 81. Todos los actos de elección para individuos de los supremos poderes del Estado, así como para cualesquiera otros destinos de nombramiento popular, deben ser públicos para ser válidos.

Artículo 82. La ley reglamentará estas elecciones sobre las bases establecidas, acordando las medidas más convenientes a garantizar la plena libertad de estos actos.

Capítulo VII. Del Poder Legislativo y de sus
atribuciones

Sección primera. De la organización del Poder Legislativo

Artículo 83. El Poder Legislativo del Estado reside en una Asamblea compuesta de dos cámaras, la de Representantes y la del Senado: la primera consta de diputados electos por la Junta de Distrito, y la segunda de senadores nombrados por las Juntas del Departamento.

Artículo 84. Las dos cámaras son independientes entre sí.

Artículo 85. Se reunirán sin necesidad de convocatoria el día 1.º de febrero de cada año; sus sesiones durarán tres meses, y solo podrán prorrogarse uno más, con acuerdo de las dos cámaras.

Artículo 86. Abrirán y cerrarán sus sesiones a un mismo tiempo; ninguna de ellas podrá suspenderlas, ni prorrogarlas más de tres días, sin la sanción de la otra, ni trasladarse a otro lugar sin el convenio de ambas. La ley prescribirá las formalidades con que deben abrirse y cerrase las sesiones de las dos cámaras.

Artículo 87. Para toda resolución se necesita la concurrencia de las dos terceras partes o más de los miembros de que se compone cada cámara, y el acuerdo de más de la mitad de los que se hallaren presentes, excepto en los casos de que la Constitución exige mayor número; pero una minoría podrá obligar a los ausentes a concurrir del modo y bajo las penas que se designen en los respectivos reglamentos.

Artículo 88. Los representantes y senadores, durante sus funciones, no podrán tener empleo de provisión del Gobierno, ni ascenso que no sea de rigurosa escala.

Artículo 89. En ningún tiempo, ni con motivo ninguno, los representantes y senadores pueden ser responsables por proposición, discursos o debate, emitido de palabra o por escrito en las cámaras, o fuera de ellas, sobre asuntos relativos a su destino; y durante los meses de sesiones, y uno después, no podrán ser demandados civilmente ni ejecutados por deudas.

Artículo 90. Los representantes y senadores tendrán igual compensación y la mima designación de viático.

Sección II. De la organización de la Cámara de Representantes

Artículo 91. La Cámara de Representantes se compone de diputados, nombrados por las Juntas Electorales de Distrito a razón de uno por cada veinte mil habitantes, o un residuo de diez mil como queda dispuesto.

Artículo 92. Por cada representante se nombrará un suplente que tenga las mismas cualidades que para aquél se exigen.

Artículo 93. La Cámara de Representantes se renovará por mitad cada año, y sus individuos podrán ser reelegidos una vez sin intervalo alguno, en el primer año saldrá por suerte el mayor, si fuere impar; en el segundo el menor, y así irán alternando sucesivamente.

Artículo 94. La primera vez calificará las elecciones y credenciales de los representantes una Junta Preparatoria compuesta de ellos mismos; en lo sucesivo toca esta calificación a los representantes que continúan en unión de los electos.

Artículo 95. Para ser representantes se requiere tener el día de la elección veinticinco años cumplidos: haber sido cinco ciudadano, bien sea del estado seglar o eclesiástico, y hallarse en actual ejercicio de sus derechos. En los naturalizados se necesita, además, un año de residencia no interrumpida e inmediata a la elección, si no es que hayan estado ausentes en servicio del Estado o de la República.

Artículo 96. No podrán ser representantes los empleados que ejerzan mando o jurisdicción por el Distrito o Distritos a que se extienda su autoridad, ni ningún otro de nombramiento del Gobierno en actual ejercicio al tiempo de la elección.

Artículo 97. La Cámara de Representantes elegirá entre sus individuos un presidente y los secretarios que su reglamento particular designe.

Sección III. De la organización del Senado

Artículo 98. El Senado se compone de senadores electos por las Juntas de Departamento.

Artículo 99. Cada Junta Departamental elegirá por la primera vez dos senadores y dos suplentes; éstos deberán siempre tener las mismas cualidades que se requieren para aquéllos.

Artículo 100. El Senado se renovará por cuartas partes cada año, saliendo los tres primeros años los que designe la suerte entre los primeros nombrados. La ley arreglará la renovación de estos funcionarios de manera que ésta se verifique por Departamentos.

Artículo 101. Los senadores podrán ser reelectos una vez sin intervalo alguno.

Artículo 102. La primera vez calificará las elecciones y credenciales de los senadores una Junta Preparatoria compuesta de ellos mismos, en lo sucesivo toca esta calificación a los senadores que continúan en unión de los nuevamente electos.

Artículo 103. Para ser senador se necesita:
1. Naturaleza en la República.
2. Tener el día de la elección treinta años cumplidos.
3. Haber sido siete ciudadano.
4. Estar en actual ejercicio de sus derechos, y
5. Poseer un capital libre de mil pesos.

Artículo 104. No podrán ser senadores los eclesiásticos, ni los demás que están prohibidos de ser representantes.

Artículo 105. El Senado elegirá entre sus individuos un presidente y los secretarios que su reglamento prescriba.

Sección IV. De las facultades comunes a ambas Cámaras

Artículo 106. Corresponde a cada una de las cámaras, sin intervención de la otra:

1. Calificar la elección de sus miembros respectivos.

2. Llamar a los suplentes en los casos de muerte, imposibilidad o falta temporal, a juicio de la Cámara o de la Junta Preparatoria.

3. Admitir con las dos terceras partes de votos las renuncias que con causas graves justificadas hagan de sus destinos sus miembros respectivos.

4. Arreglar el orden de sus sesiones o debates.

5. Pedir al Gobierno, siempre que lo juzgue necesario, estados de los ingresos y egresos de todas o de algunas de las rentas, e informe sobre cualquier ramo de la administración.

6. Excitar a la otra Cámara para deliberar reunidas sobre los objetos en que la reunión sea necesaria.

Sección V. De las sesiones extraordinarias de las Cámaras

Artículo 107. En las sesiones extraordinarias, solo podrá tratarse de los negocios que nominalmente exprese el decreto de convocatoria.

Artículo 108. Sin embargo, podrán las cámaras ocuparse en algún otro asunto que pueda ocurrir improvisadamente, con tal que sea muy urgente y de interés común a juicio de la mayoría de las mismas cámaras, y que proceda la iniciativa del Gobierno. También podrán conocer de las acusaciones que se hagan contra los funcionarios, cuya primera declaratoria les competa según la Constitución, como asimismo de cualquier otro asunto puramente económico o de su gobierno interior.

Sección VI. De las atribuciones del Poder Legislativo en Cámaras separadas

Artículo 109. Corresponde al Poder Legislativo del Estado:

1. Decretar las leyes, interpretarlas y derogarlas en caso necesario.

2. Determinar anualmente los gastos de la administración del Estado y decretar las contribuciones necesarias para cubrirlos y para llenar el contingente que corresponda al mismo Estado en los gastos de la administración federal.

3. Hacer el repartimiento de las contribuciones directas en proporción a la población y riqueza de cada uno de los Departamentos.

4. Decretar, en casos extraordinarios, pedidos, préstamos, impuestos y contraer deudas sobre el crédito del Estado, previa garantización de su pago.

5. Calificar y reconocer la deuda pública, y destinar los fondos necesarios para su amortización y réditos.

6. Fijar cada año la fuerza permanente que se necesitare en tiempo de paz, crear la milicia del Estado y mandar levantar toda la que a éste corresponda en tiempo de guerra.

7. Formar la ordenanza general de la fuerza pública del Estado.

8. Autorizar al Poder Ejecutivo para poner sobre las armas la milicia del Estado cuando lo exija la necesidad.

9. Disponer lo conveniente para la administración, conservación o enajenamiento de toda propiedad del Estado.

10. Conceder o negar la entrada de tropas de otros Estados en el territorio de éste, o la salida de las del último fuera de sus límites territoriales.

11. Crear y suprimir toda clase de empleos públicos, designar, aumentar o disminuir sus dotaciones.

12. Asignar las rentas del obispo y cabildo eclesiástico, y autorizar al Poder Ejecutivo para promover ante la Silla Apostólica o sus nuncios, la provisión del obispo y demás piezas eclesiásticas.

13. Dar reglas para la concesión de cartas de naturaleza.

14. Abrir caminos y canales para la comunicación de ambos mares, o de lagos y ríos del Estado y, establecer las bases para contratar su apertura.

15. Arreglar la forma y solemnidades de los juicios, sistemando el de jurados del modo más análogo a las circunstancias del Estado.

16. Erigir los establecimientos y corporaciones que fueren necesarios para el mejor orden en justicia civil, económica, instruccional, caridad y beneficencia pública; señalarles fondos y arreglar su administración.

17. Conceder amnistías e indultos, cuando lo exija la tranquilidad y seguridad públicas u otra causa grave y los proponga el Poder Ejecutivo, decretándose por las dos terceras partes de votos en ambas cámaras.

18. Conceder privilegios exclusivos por tiempo determinado a los inventores, introductores o empresarios de descubrimientos, establecimientos u obras útiles al progreso de las ciencias, agricultura, comercio y artes.

19. Dirigir la educación, creando los establecimientos necesarios para toda clase de enseñanza, y proveerles de rentas suficientes para cubrir los gastos.

20. Autorizar al Poder Ejecutivo para celebrar contratas de colonización, fijando las reglas generales a que deben ajustarse estas negociaciones.

21. Conceder permiso a los ciudadanos del Estado para obtener títulos personales de otro Gobierno y rehabilitar en los casos que la Constitución expresa.

22. Designar y variar el lugar de su residencia y la de los otros Poderes del Estado, concurriendo para la variación las dos terceras partes de votos de cada una de las cámaras.

23. Velar sobre la observancia de la Constitución y leyes, haciendo que se lleve a efecto la responsabilidad de los funcionarios que las hayan violado.

Sección VII. De las atribuciones de las Cámaras reunidas en un solo cuerpo

Artículo 110. Son atribuciones de las cámaras reunidas:

1. Arreglar el orden de sus sesiones y debates.

2. Usar del veto en las disposiciones emanadas del Poder Federal y de la iniciativa de ellas en su caso.

3. Calificar la elección del director del Estado, y nombrar a éste cuando no resulte popularmente electo.

4. Declarar por los dos tercios de votos, cuando ha lugar a la formación de causa contra los representantes, senadores y director.

5. Admitir por los dos mismos tercios la renuncia que el director haga de su destino.

6. Hacer el nombramiento de los funcionarios federales que, según la Carta Convencional que forme, correspondan al Estado.

7. Examinar la cuenta de la distribución de los caudales públicos, que debe presentar anualmente al Poder Ejecutivo.

Sección VIII. De las facultades exclusivas de la Cámara de Representantes

Artículo 111. Será peculiar de la Cámara de Representantes:

1. Nombrar el senador que ha de ejercer el Poder Ejecutivo en falta de director del Estado.

2. Nombrar a los magistrados de la Suprema Corte de Justicia.

3. Admitir por las dos terceras partes de votos las renuncias que hagan estos ministros fundadas en causas graves bastantemente comprobadas.

4. Iniciar las leyes de contribuciones e impuestos.

Sección IX. De las facultades exclusivas de la Cámara del Senado

Artículo 112. Será privativo de la Cámara del Senado:

1. Confirmar o devolver los nombramientos que haga el Poder Ejecutivo, de comandante de Armas del Estado, prefectos departamentales, intendente, tesorero y contador general.

2. Declarar cuándo ha lugar a la formación de causa contra los secretarios del Despacho e individuos de la Suprema Corte de Justicia en toda clase de delitos, y contra los empleados de que habla la fracción primera en los delitos oficiales.

3. Dar al Gobierno su dictamen en todos los casos y asuntos en que por la Constitución debe solicitarlo.

Capítulo VIII. De la formación y promulgación de la Ley

Sección primera. De la formación de la Ley

Artículo 113. Toda disposición del Poder Legislativo saldrá en forma de ley o de resolución particular.

Artículo 114. Todo proyecto de ley o de resolución puede tener origen en cualquiera de las cámaras, reservándose solo a la de Representantes iniciar las de contribuciones e impuestos.

Artículo 115. Solo los representantes y senadores en su respectiva Cámara, y los secretarios del despacho a nombre del Gobierno en cualquiera de ellas, tienen facultad de proponer los proyectos de ley o de resoluciones que juzguen convenientes; mas únicamente los primeros podrán hacer proposiciones para nuevos impuestos y contribuciones.

Artículo 116. Aprobado un proyecto de ley por una Cámara, pasará a la otra para que, tomándola en consideración, le dé su aprobación, lo deseche o reforme. En este último caso el proyecto se tendrá como iniciativa de la Cámara revisora.

Artículo 117. Obteniendo un proyecto de ley la aprobación de las cámaras, pasará al Poder Ejecutivo, para que con su sanción se publique como ley; mas si el Ejecutivo encontrare inconvenientes para dar la sanción, devolverá el proyecto a la Cámara de su origen, puntualizando los fundamentos de su negativa dentro de diez días que podrá prorrogar la Cámara por las dos terceras partes de sus votos. Transcurridos los diez días sin haber usado del veto el Ejecutivo y los de la prórroga, en caso de habérsele concedido, el proyecto se entenderá sancionado por el mismo hecho.

Artículo 118. Examinado de nuevo el proyecto por las dos cámaras sucesivamente, podrá ratificarse por los dos tercios de votos de cada una de ellas, en cuyo caso pasará al Ejecutivo, para que precisamente lo publique como ley.

Artículo 119. Si un proyecto no fuere admitido a discusión, o si en cualquiera de los trámites posteriores fuere reprobado, o negada su ratificación por alguna de las cámaras, no podrá volver a tratarse de él en el mismo año.

Artículo 120. Las resoluciones también necesitan la sanción del Poder Ejecutivo, a excepción de las que se expidan por cualquiera de las cámaras en uso de las atribuciones expresadas en las Secciones IV, VII, VIII y IX del Capítulo anterior. Tampoco necesita de la sanción del Ejecutivo la ley sobre traslación de los poderes.

Artículo 121. Las resoluciones que hayan pasado como urgentes en las dos cámaras, serán sancionadas o devueltas por el Poder Ejecutivo dentro de tres días sin mezclarse en la calificación de urgencia.

Sección II. De la promulgación de la Ley

Artículo 122. Sancionada la ley con las formalidades prescritas en la **Sección** anterior, deberá el director del Estado circularla dentro de quince días de su último recibo, pidiendo prórroga a las cámaras, si en algún caso fuere necesario. Los prefectos departamentales y demás autoridades subalternas la publicarán en los lugares de su residencia dentro del tercer día de recibida, siendo responsable todo funcionario de su emisión en este punto.

Artículo 123. Las resoluciones deberán comunicarse a quienes toque dentro de ocho días por el Poder Ejecutivo, y de tres por los demás funcionarios.

Artículo 124. La ley se publicará con esta fórmula: «El Director del Estado de Nicaragua a sus habitantes. Por cuanto la Asamblea Legislativa ha decretado lo siguiente. El Senado y Cámara de Representantes del Estado de Nicaragua constituidos en Asamblea, decretan.» (Aquí el decreto y las firmas.) «Por tanto, ejecútese.» (Aquí la fecha y firma.)

Capítulo IX

Sección primera. Del Poder Ejecutivo

Artículo 125. El Poder Ejecutivo se ejercerá por un Supremo Director nombrado por el pueblo del Estado.

Artículo 126. En las faltas del director, la Cámara de Representantes nombrará un individuo de la del Senado; mas si el impedimento no fuere temporal y faltare más de la mitad del período, las cámaras elegirán al individuo que suceda al director, dentro de los que han tenido votos para tal en las últimas elecciones.

Artículo 127. En las faltas temporales del director, que ocurran durante el receso, será llamado a hacer sus veces el senador que se halle más inmediato; y habiendo dos o más, el que el mismo director designe.

Artículo 128. Para las faltas absolutas, que acaezcan también durante el receso, la Cámara de Representantes insaculará, antes de cerrar sus sesiones, los nombres de los senadores en pliegos cerrados, entre los cuales se sacarán cuatro, designándolos con números, para que los nominados en ellos sean llamados por su orden al ejercicio del Poder Ejecutivo. Estos pliegos se custodiarán en el archivo del Gobierno, devolviéndose a dicha Cámara los que no hayan sido abiertos.

Artículo 129. En el ínterin toma posesión el senador que ha de ejercer provisionalmente el Gobierno, se observará lo dispuesto en el **Artículo 127**. El ministro o ministros tendrán la facultad de que allí se hace mención, y la de conservar el orden público con arreglo a las leyes y bajo su responsabilidad.

Artículo 130. Para ser director se requiere:
1. Naturaleza en la República, debiendo los originarios de los demás Estados tener cinco años de vecindario en éste.
2. Tener treinta años cumplidos.
3. Haber sido siete ciudadano.
4. Hallarse en actual ejercicio de sus derechos.

Artículo 131. No podrán obtener el empleo de director los jefes militares, de teniente coronel inclusive arriba, que estén en actual servicio.

Artículo 132. La duración del director será por dos años, sin poder ser reelecto sino hasta pasado el mismo período.

Artículo 133. El director del Estado no podrá funcionar un día más de los años que fija el **Artículo** anterior. El que se elija por sus faltas, solo durará el tiempo necesario para completar este período, que comienza y concluye el día 1.º de abril del año de la renovación.

Artículo 134. La dotación del director no podrá ser alterada durante su encargo.

Sección II. De las atribuciones del Poder Ejecutivo

Artículo 135. Corresponde al director del Estado:

1. Publicar la ley, cuidar de su ejecución y del orden público.

2. Proponer a las cámaras los proyectos de ley que juzgue convenientes y no sean sobre contribuciones e impuestos, y las adiciones, aclaraciones y reformas que a su juicio necesiten las leyes anteriormente dadas para su inteligencia y ejecución.

3. Expedir los reglamentos y órdenes que estime convenientes para facilitar y asegurar la ejecución de las leyes.

4. Nombrar el comandante de Armas del Estado, los prefectos departamentales, el intendente y ministros de la Tesorería General, poniendo estos nombramientos en noticia del Senado para su confirmación. Cuando las vacantes de estos destinos ocurran durante el receso del Senado, nombrará provisionalmente los empleados que deban llenarlas y, reunida dicha Cámara, solicitará su aprobación.

5. Nombrar sin intervención del Senado el secretario o secretarios del despacho, jefes y oficiales militares, los sub-

alternos de unos y otros y los correspondientes a los jefes expresados en la atribución cuarta.

6. Nombrar los jueces de la primera instancia a propuesta en terna de la **Sección** de la Corte Suprema de Justicia a quien corresponda.

7. Admitir las renuncias que hagan de sus destinos los empleados que nombren por sí, con la confirmación del Senado o concurrencia de otra autoridad, no haciéndolo sino mediante causas graves y justificadas, cuando la admisión o permanencia de algún empleado sea a su juicio conveniente al servicio público.

8. Proponer a las cámaras las amnistías o indultos, cuando la tranquilidad pública u otra grave causa lo exija.

9. Dirigir la fuerza armada del Estado, reunir la milicia en caso de insurrección o invasión repentina, y usar de toda ella en los mismos casos, dando cuenta a las cámaras en su primera oportunidad.

10. Separar libremente y sin necesidad de expresión de causa, al secretario y secretarios del despacho; trasladar con arreglo a las leyes, de unos destinos a otros, a todos los funcionarios del Poder Ejecutivo, suspenderlos y removerlos cuando lo crea conveniente. Exceptúanse los jefes cuyo nombramiento exija la aprobación del Senado, a quienes solo podrá suspender durante el receso de esta Cámara, dándole cuenta en su primera reunión con los documentos correspondientes.

11. Presentar por medio del secretario o secretarios del despacho a cada una de las cámaras al abrir sus sesiones, un detalle circunstanciado de todos los ramos de la administración pública, con los proyectos que juzgue más oportunos para su conservación o mejora y una cuenta exacta de todos los gastos hechos, con el presupuesto de los venideros.

12. Dar a las cámaras los informes que le pidieren, manifestando cuando exijan reserva los asuntos para que se le dispense de acompañar los documentos; mas en caso que los informes sean necesarios para, exigir la responsabilidad al Gobierno, no podrán rehusarse por ningún motivo los documentos correspondientes.

13. Consultar al Senado cuando se haya reunido, en los negocios graves de la administración interior del Estado, y en los casos de guerra o insurrección.

14. Devolver a las cámaras dentro del término que la Constitución señala, los proyectos de ley y resoluciones que le pasen aprobados, y a su juicio tuvieren inconvenientes en su ejecución o fueren perjudiciales, puntualizando las razones en que funde su opinión.

15. Cuidar de la administración de las rentas del Estado y de su legal inversión.

16. Conceder cartas de naturaleza a los que tengan los requisitos de la ley.

17. Celebrar empréstitos sobre el crédito del Estado, precediendo la designación de cantidad e intereses, y la de garantías para seguridad de su pago, que corresponde al Poder Legislativo.

18. Contratar la apertura de caminos y canales de navegación, previa autorización del Poder Legislativo.

19. Promover ante la Silla Apostólica o sus nuncios la provisión de las dignidades eclesiásticas, acordándolo primero las cámaras.

20. Conceder mientras tiene lugar otra cosa, el pase a todos los títulos en que se confiera beneficio curado o dignidad eclesiástica, sin cuyo requisito no podrán entrar en su posesión los agraciados.

21. Cuidar de que se cumplan y ejecuten las sentencias de los tribunales y jueces en los términos que designe una ley particular.

22. Cuidar de la exactitud legal de la moneda que circula en el Estado.

23. Dar órdenes de arrestos e interrogar a los que se presumen reos de alguna conspiración o traición al Estado, debiendo bajo su responsabilidad poner a los mismos reos, en el preciso término de tres días, a disposición del juez competente.

24. Convocar extraordinariamente a las cámaras cuando el Estado se halle amenazado de invasión o trastornado el orden público de una manera considerable, o en cualquier otro caso extraordinario en que juzgue indispensable tal reunión.

25. Fijar los asuntos en que exclusivamente han de ocuparse las cámaras en su reunión extraordinaria.

26. Llamar, cuando esto tenga lugar, a los suplentes de los representantes y senadores que hubieren fallecido o imposibilitádose, durante el receso, mientras se reúne la Junta Preparatoria.

Artículo 136. No podrá el director ausentarse del Estado hasta seis meses después de concluido su encargo, ni separarse del lugar donde se reúnen las cámaras sin licencia de éstas.

Capítulo X. De la Secretaría del Despacho

Artículo 137. El Poder Ejecutivo tendrá los secretarios del despacho que la ley señale, según los diversos ramos de la administración.

Artículo 138. Por conducto del secretario del despacho se harán todas las comunicaciones y se expedirán todas las órdenes del Poder Ejecutivo, y las que de otra manera se dirigieren, no deben ser respetadas ni obedecidas.

Artículo 139. Para ser secretario del despacho se requiere ser centroamericano de origen, ciudadano en el ejercicio de sus derechos y mayor de veinticinco años.

Artículo 140. El secretario del despacho se hace responsable siempre que autorice decretos o providencias del Poder Ejecutivo contrarios a la Constitución o a las leyes.

Capítulo XI. De la organización de los Tribunales, de sus atribuciones y de la Administración de Justicia

Sección primera. De la organización de los Tribunales

Artículo 141. La Suprema Corte de Justicia se dividirá en dos secciones que residirán en dos distintos Departamentos. Cada **Sección** ejercerá su jurisdicción en el Departamento de su residencia, y en el más inmediato que la ley designe.

Artículo 142. Cada **Sección** de la Suprema Corte de Justicia será tribunal de segunda instancia en su demarcación respectiva, y de tercera en los juicios de que ha conocido la otra en apelación.

Artículo 143. Cada **Sección** de la Suprema Corte se compondrá, por lo menos, de tres individuos, cuya duración será la de cuatro años, pudiendo siempre ser reelectos.

Artículo 144. Para ser individuo de la Suprema Corte se requiere ser centroamericano de origen, ciudadano en el ejercicio de sus derechos, del estado seglar y mayor de veintiocho años de edad.

Artículo 145. Habrá un número de suplentes igual al de los individuos de la Suprema Corte, que serán también nombrados por la Cámara de Representantes, y tendrán las mismas cualidades que los propietarios.

Artículo 146. La **Sección** respectiva designará en su caso el suplente que deba concurrir.

Artículo 147. Habrá jueces de primera instancia cuyas cualidades y atribuciones, como también el modo y forma en que han de administrar justicia, se determinará por leyes particulares.

Sección II. De las atribuciones de los Tribunales

Artículo 148. Corresponde a cada una de las secciones de la Corte Suprema de Justicia, además de las que le concede el **Artículo 142:**
1. Dirimir las competencias de los tribunales y jueces inferiores, sean de la clase que fueren.
2. Conocer de los recursos de nulidad que se interpongan de las sentencias de los jueces de primera instancia, y mutuamente de las que dictase en segunda instancia cada una de las secciones en todos los casos en que no haya lugar a otro recurso.

3. Proponer ternas al Poder Ejecutivo para el nombramiento de los jueces de primera instancia de su respectiva demarcación.

4. Velar sobre la conducta de los jueces inferiores, cuidando de que se administre pronta y cumplidamente la justicia.

5. Conocer de la causa de responsabilidad de los jueces de primera instancia respectivos.

Artículo 149. Corresponde a la **Sección** de la Corte da Justicia que reside en la capital del Estado, conocer en las causas de responsabilidad del director del Estado, y en las de los funcionarios en que el Senado declara haber lugar a formación de causa.

Sección III. Disposiciones generales

Artículo 150. El Poder Judiciario se ejercerá por los tribunales y jueces del Estado: ni el Poder Legislativo ni el Ejecutivo, ni otra autoridad podrán ejercer funciones judiciales, avocar causas pendientes ni abrir juicios fenecidos. Los tribunales y jueces no podrán ejercer otras funciones que las de juzgar y hacer que se ejecute lo juzgado; tampoco podrán formar reglamentos para la ejecución y aplicación de las leyes ni suspender el cumplimiento de éstas.

Artículo 151. Todos los ciudadanos y habitantes del Estado, sin distinción alguna, estarán sometidos al mismo orden de juicios y procedimientos que determinen las leyes.

Artículo 152. No podrán formarse comisiones ni tribunales especiales para conocer en determinados delitos, ni para cierta clase de personas, sino que todo habitante deberá ser juzgado por el juez o tribunal correspondiente establecido con anterioridad por la ley.

Artículo 153. Queda por ahora el fuero eclesiástico y militar a reserva de las leyes que posteriormente se dicten sobre la materia, cuando las circunstancias lo permitan.

Artículo 154. Ninguno puede sustraerse de la autoridad de los jueces que la ley le señale y unos mismos jueces no pueden juzgar en diversas instancias.

Artículo 155. Las sesiones de los tribunales serán públicas, a excepción de aquellas en que se ofenda la decencia pública; los jueces deliberarán entonces en secreto; mas los juicios serán pronunciados en voz alta y puerta abierta.

Artículo 156. Las ejecutorias y provisiones de los tribunales se harán y encabezarán: En nombre del Estado de Nicaragua.

Artículo 157. Todas las causas civiles y criminales, sin excepción alguna, se fenecerán por todas sus instancias dentro del territorio del Estado.

Sección IV. Justicia Civil

Artículo 158. La facultad de nombrar árbitros en cualquier estado del pleito es inherente a toda persona. La sentencia de los árbitros es inapelable, si las partes comprometidas no se reservan este derecho.

Artículo 159. Ningún juicio escrito, civil o sobre injurias, podrá establecerse sin hacer constar que se intentó antes el medio de la conciliación.

Artículo 160. La ley calificará los negocios que por su cuantía admitan tres instancias, y determinará, atendida su entidad y la naturaleza y calidad de los diferentes juicios, qué sentencia ha de ser la que en cada instancia ha de causar ejecutoria.

Sección V. Justicia Criminal

Artículo 161. En los delitos comunes no se impondrá pena capital, sino por los de asesinato, homicidio premeditado o seguro; en los de disciplina, las leyes determinarán los casos en que haya lugar a esta pena.

Artículo 162. Son abolidos para siempre el uso de los tormentos, los apremios, azotes y penas crueles.

Artículo 163. Nadie puede ser preso sino en virtud de orden escrita de autoridad competente para darla. No podrá librarse ésta sin que preceda justificación de que se ha cometido un delito que merezca pena más que correccional, y sin que resulte, al menos por el dicho de un testigo, quién es el delincuente.

Artículo 164. Pueden ser detenidos: el presunto delincuente, cuya fuga se tema con fundamento; el que sea encontrado en el acto de delinquir, y en este caso cualquiera puede aprehenderle para llevarle al juez.

Artículo 165. La detención no puede exceder de sesenta y dos horas, y durante este término deberá la autoridad que la haya ordenado, practicar la justificación correspondiente y, según su mérito, librar por escrito la orden de prisión, o poner en libertad al detenido.

Artículo 166. El alcaide ni oficial alguno encargado de cualquier cárcel o establecimiento de prisión o detención, no pueden recibir ni detener en las cárceles o en dichos establecimientos a ninguna persona, sin transcribir en su libro de presos y detenidos la orden de prisión o detención.

Artículo 167. El juez deberá tomar confesión al preso dentro de cuarenta y ocho horas después de dictado el auto de prisión, y si el reo se negare a contestar, no podrá obligársele en manera alguna.

Artículo 168. El arresto como pena correccional, no podrá exceder de treinta días, ni imponerse sino con las formalidades que la ley prescriba.

Artículo 169. Las personas aprehendidas por las autoridades no podrán ser llevadas a otros lugares de prisión, detención o arresto que a los que están legal y públicamente destinados al efecto.

Artículo 170. El alcaide o carcelero no podrá impedir al procesado la comunicación con persona alguna, sino en virtud de orden escrita del juez que conoce de la causa. Esta incomunicación no podrá continuar después de proveído el auto de prisión.

Artículo 171. Todo el que no estando autorizado por la ley, expidiere, firmare, ejecutare o hiciere ejecutar la prisión, detención o arresto de alguna persona; todo el que en caso de prisión, detención o arresto autorizado por la ley, recibiere o detuviere al reo en lugar que no sea de los señalados pública y legalmente, y todo alcaide que contraviniere a las disposiciones precedentes, es reo de detención arbitraria. También hace responsables personalmente a los jueces, la omisión en perseguir a los delincuentes.

Artículo 172. No será llevado ni detenido en la cárcel el que diere fianza, en los casos en que la ley no lo prohiba expresamente.

Artículo 173. Ninguna casa puede ser registrada sino por mandato escrito de autoridad competente, dado en virtud de dos deposiciones formales que presten motivo al allanamiento, el cual deberá efectuarse de día. También podrá registrarse a toda hora por un agente de la autoridad pública:
1. En persecución actual de un delincuente.
2. Por un desorden escandaloso que exija pronto remedio.
3. Por reclamación hecha del interior de la casa; mas hecho el registro, se comprobará, con dos deposiciones que se hizo por alguno de los motivos indicados.

Artículo 174. En materias criminales a nadie se le recibirá juramento sobre hecho propio, y al tomarse confesión al tratado como reo, se le dará conocimiento a los testigos, se le leerán sus declaraciones y todos los documentos que obran contra él. El proceso será público después de la confesión.

Artículo 175. Ninguna pena es trascendental, ni las infamantes, y todas deberán tener efecto precisamente sobre el que se hizo acreedor a ella.

Artículo 176. Las cárceles serán dispuestas de manera que sirvan para asegurar y corregir, y no para molestar a los presos; serán visitadas con la frecuencia que determinen las leyes; y las mismas arreglarán las formalidades que se han de observar en las visitas y las facultades de los tribunales en estos casos.

Capítulo XII. De la responsabilidad de las Supremas
Autoridades del Estado

Artículo 177. Todos los funcionarios del Estado, antes de posesionarse de sus destinos, prestarán juramento de sostener y defender con toda su autoridad la Constitución del Estado y el Pacto Federativo.

Artículo 178. Todo funcionario público es responsable con arreglo a las leyes, del ejercicio de sus funciones.

Artículo 179. Deberá declararse que ha lugar a la formación de causa contra los representantes y senadores, por traición, venalidad, falta grave en el ejercicio de sus funciones y delitos comunes que merezcan pena más que correccional.

Artículo 180. En todos estos casos y en los de infracción de ley, habrá lugar a la formación de causa contra los secretarios del despacho e individuos de la Suprema Corte de Justicia.

Artículo 181. Deberá declararse con lugar a la formación de causa al director del Estado, en los delitos comunes que merezcan pena más que correccional, y en los oficiales por usurpación de Poder, por atentar las garantías constitucionales, y por impedir las elecciones o la reunión de las cámaras. Por los demás delitos oficiales solo podrán ser acusados durante los seis meses después de concluido su período.

Artículo 182. En los delitos oficiales de que habla el **Artículo** anterior, la responsabilidad del director no excluye la del secretario del despacho que haya autorizado la orden.

Artículo 183. También serán responsables los secretarios del despacho de las faltas en que incurran los funcionarios subalternos en los casos que especificará la ley; sin que por esto los segundos se excusen de la responsabilidad que a ellos corresponde.

Artículo 184. En los delitos comunes de los representantes, senadores y director del Estado, sus secretarios y ministros de la Suprema Corte, el individuo contra quien se declare haber lugar a la formación de causa, por el mismo hecho quedará suspenso y sujeto a los tribunales comunes.

Artículo 185. En los delitos oficiales, previa esta declaratoria, los representantes y senadores serán juzgados por la Cámara a que no pertenezca el individuo; el director del Estado y los secretarios del despacho lo serán por la Suprema Corte, y los individuos de ésta por la Cámara de Representantes.

Artículo 186. En los juicios de que habla el **Artículo** anterior, no habrá más que una instancia y una sentencia.

Artículo 187. Las disposiciones de que trata este Capítulo en cuanto a delitos oficiales, tendrán lugar en los funcionarios que estuvieren en posesión de sus destinos y seis meses después de haber cesado en ellos.

Artículo 188. Todos los delitos de responsabilidad de los funcionarios públicos producen acción popular.

Artículo 189. Todo acusado queda suspenso en el acto de declararse que ha lugar a la formación de causa; depuesto, siempre que resulte reo, e inhabilitado para todo cargo público, si la causa diere mérito según la ley. En lo demás a que hubiere lugar se sujetarán al orden y tribunales comunes.

Capítulo XIII. Del Gobierno interior de los
Departamentos y de los Pueblos

Artículo 190. El gobierno de cada Departamento estará a cargo de un prefecto, nombrado por el Poder Ejecutivo en los términos prevenidos por esta Constitución, y sus atribuciones las determinará una ley particular.

Artículo 191. Para el gobierno interior de los pueblos habrá municipalidades compuestas de alcalde o alcaldes, de regidores y de procuradores del común, popularmente electos.

Artículo 192. El número de individuos que deban componer las municipalidades, los pueblos en que deba haberlas, sus atribuciones y el modo con que aquéllos han de ser nombrados, serán también objeto de una ley particular.

Capítulo XIV. De la observancia de la Constitución y Leyes y reformas de la misma

Artículo 193. Las cámaras en sus primeras sesiones tomarán en consideración las infracciones de la Constitución y leyes que se les hagan presentes, para poner el conveniente remedio, tomar conocimiento de las que hayan cometido los otros poderes y excitar a los tribunales competentes para que se haga efectiva la responsabilidad de los demás funcionarios.

Artículo 194. En cualquier tiempo que se juzgue necesaria la reforma o adición de algunos **Artículos** de esta Constitución, podrá proponerse, observando las reglas siguientes:

1. El proyecto de reforma o adición se presentará por escrito, firmado, a lo menos, por tres diputados o por tres senadores en su respectiva Cámara, y se leerá por dos veces con el intervalo de ocho días.

2. Admitido a discusión se pasará a una comisión, cuyo dictamen se presentará después de pasados doce días.

3. El dictamen de la comisión será leído por dos veces con el mismo intervalo que el proyecto.

4. La reforma o adición deberá ser aprobada por los dos tercios de votos de los diputados y senadores que se hallaren presentes.

5. Luego que se obtenga la aprobación del modo prevenido, no deberá tenerse por válida la reforma o adición, ni hacer parte de la Constitución hasta que no la sancione la legislatura inmediata.

Artículo 195. Si el proyecto no fuere admitido, no podrá volverse a proponer en el mismo año.

Artículo 196. Hasta pasados cuatro años podrá reverse en su totalidad esta Constitución, y declarándose haber lugar a la revisión, según las reglas del **Artículo** 194, se convocará una Asamblea Constituyente, cuyos individuos traerán de sus comitentes poderes bastantes y especiales.

Artículo 197. Todas las leyes que hasta aquí han regido continuarán en su vigor y fuerza, a menos que se opongan a la presente Constitución o a las leyes secundarias que se dieren en adelante. Queda abolida la Constitución emitida en ocho de abril de mil ochocientos veintiséis.

Artículo 198. La presente Constitución está solemnemente sancionada por esta Asamblea Constituyente.

Dada en la ciudad de León, a 12 de noviembre de 1838. Benito Rosales, diputado por el departamento de Granada, presidente. Hermenegildo Zepeda, diputado por el departamento de León, vicepresidente. Pedro Solís, diputado por el departamento de Segovia. Miguel Ramón Morales, diputado por el departamento de Segovia. Francisco Agüero, diputado por el departamento de Segovia. José Guerrero, diputado por el departamento de Segovia. Juan Fábrega, diputado por el departamento de León. José Cortez, diputado por el departamento de León. Toribio Tijerino, diputado por el departamento de León. Pedro Flores, diputado por el departamento de Granada. Ramón Solórzano, diputado por el departamento de Granada. Francisco Castellón, diputado por el departamento de Nicaragua. Sebastián Salinas, diputado por el departamento de Nicaragua, secretario. Fruto Chamorro, diputado por el departamento de Granada, secretario.

León, 17 de noviembre de 1838. Ejecútese. Firmado de mi mano, sellado con el sello del Estado y refrendado por el infrascrito secretario del despacho general del Gobierno Supremo del mismo. José Núñez. Pablo Buitrago, secretario.

Libros a la carta

A la carta es un servicio especializado para
empresas,
librerías,
bibliotecas,
editoriales
y centros de enseñanza;
y permite confeccionar libros que, por su formato y concepción, sirven a los propósitos más específicos de estas instituciones.

Las empresas nos encargan ediciones personalizadas para marketing editorial o para regalos institucionales. Y los interesados solicitan, a título personal, ediciones antiguas, o no disponibles en el mercado; y las acompañan con notas y comentarios críticos.

Las ediciones tienen como apoyo un libro de estilo con todo tipo de referencias sobre los criterios de tratamiento tipográfico aplicados a nuestros libros que puede ser consultado en Linkgua-ediciones.com.

Linkgua edita por encargo diferentes versiones de una misma obra con distintos tratamientos ortotipográficos (actualizaciones de carácter divulgativo de un clásico, o versiones estrictamente fieles a la edición original de referencia).

Este servicio de ediciones a la carta le permitirá, si usted se dedica a la enseñanza, tener una forma de hacer pública su interpretación de un texto y, sobre una versión digitalizada «base», usted podrá introducir interpretaciones del texto fuente. Es un tópico que los profesores denuncien en clase los desmanes de una edición, o vayan comentando errores de interpretación de un texto y esta es una solución útil a esa necesidad del mundo académico.

Asimismo publicamos de manera sistemática, en un mismo catálogo, tesis doctorales y actas de congresos académicos, que son distribuidas a través de nuestra Web.

El servicio de «libros a la carta» funciona de dos formas.

1. Tenemos un fondo de libros digitalizados que usted puede personalizar en tiradas de al menos cinco ejemplares. Estas personalizaciones pueden ser de todo tipo: añadir notas de clase para uso de un grupo de estudiantes, introducir logos corporativos para uso con fines de marketing empresarial, etc. etc.

2. Buscamos libros descatalogados de otras editoriales y los reeditamos en tiradas cortas a petición de un cliente.

www.ingramcontent.com/pod-product-compliance
Lightning Source LLC
Chambersburg PA
CBHW021936040426
42448CB00008B/1103